爺《じじい》の手習い

定年が待ち遠しくなる習い事体験10

吉川 潮
島 敏光

ワニブックス
PLUS 新書

まえがき

吉川 潮

本書を書くきっかけとなったのは、2016年に刊行した『爺《じじい》の暇つぶし』（ワニブックスPLUS新書）であります。おかげさまで評判が良く、続編のために、何か新しい暇つぶしはないかと探してました。共著の相棒、島敏光君と話しているとき、ふと思いついて、「何か習い事をしてみない？」と私が言ったら、島君が「いいね！ 一度もやったことないからやってみたい」と言うではありませんか。気の合う友達というのはこういう場合も息が合うものなのですね。

そこでシニア向けの教室がどのくらいあるかと資料を取り寄せたところ、その数の多さに驚きました。まずはそれぞれが、習ってみたい科目を選ぶことから始めます。

私が真っ先に選んだのは俳句でした。実は20年以上もやっているのですが、いっこうに上達しない。そこで俳句教室に通い、初心に返って基礎から勉強したいと思ったわけです。

また、以前からやりたかったのが歌のレッスンでした。人前で歌えるようになりたいと願っていたので、本格的にボイストレーニングを受けてみたかったのです。3つ目は本格的な紅茶の淹《い》れ方。これは説明しないとわからないので、あとでくわしく述べることにしましょう。そして、一度体験したかった蕎麦《そば》打ちです。大の蕎麦好きとしては、自分で打った蕎麦を食べるのがかねてからの念願でした。

申し込みの詳細は後述します。島君が何をどう選んだかは、彼自身が説明するでしょう。

実際に手習いを始めて、「体験したことをそのままリポートすれば、シニア世代にとっての良きガイドになる」と確信しました。そこで本書を書き、刊行の運びとなったわけです。本書は2人が自前で受講料を払ってカルチャースクール、または特別な教室に入会し、受講した体験記です。暇をもてあまして、習い事でもしてみようと考えているご同輩のお役に立てれば本望です。

まえがき

島　敏光

私はいまだかつて、学校以外で何かを教わった経験はありません。
自分の生業《なりわい》である司会も文章もすべて我流です。吉川潮さんからの「何か習い事をしてみないか?」という提案に多少の不安はありましたが、一方ではワクワクしている自分もいました。

初心に返って習ってみたいことは色々あります。
まずは料理の基本。美味しいものを作る自信はあるのですが、味がいま一つ安定せず、非常にムラがあります。感覚だけではなく、理論的な裏付けのある調理の方法を学びたいものです。

はがき絵にも以前から興味がありました。旅先などで、風景や身近なもののイラストを、いとも容易《たやす》くはがきにしたためている人を何人も見かけ、密かな憧れを抱いていました。それで、これを機会に挑戦してみることにしました。

また、吉川さんが歌のレッスンに精を出すなら、私はコーラスに回りましょう。歌自体は決して下手なほうではありませんし、レコードやCDを出したこともありますが、昔からハーモニーが付けられません。これもまたキッチリと習得したいジャンルの一つです。さあ、これで3科目。あとは成り行きに任せることにしました。

本物の爺《じじい》が自腹を切って、何を習い、何を習得して、何を習得できなかったのかは、この本を読んでのお楽しみ！　希望と絶望のレポートが満載です。

そこには私にとって、思いもよらぬ新しい世界が待ち受けていたのです。

もくじ

Step①

爺の手習い定番の巻

料理教室

和食の巻

まずは手習いの定番から始めましょう。

基本は俳句と料理あたりでしょうか。吉川さんが俳句を採用するというので、私は初めての手習いとして、料理を選びました。

料理には自信があります。特にあり合わせの食材を組み合わせて美味しい料理を作らせたら天才とまで言われています（本人談）。スパイスをふんだんに使ったカレー、たらこや納豆のスパゲティー、冷蔵庫の残り物で作るチャーハンなどは天下一品（本人談）なのですが、問題は同じものが二度と作れないことです。

つまり基本がわかっていないのです。

たとえば昆布出汁《だし》の取り方一つとっても、火にかける時間はどのくらいが最適か、強火か弱火か、昆布はいつ取り出すのか、それとも取り出さないのか……という部分が曖昧模糊としていて、そのときの気分で対処しているのが現状です。アドリブ能力に長けた私が基本をマスターできれば鬼に金棒ではないでしょうか……。

吉川さんが取り寄せてくれた資料には、和食を筆頭に、フランス料理、イタリア料理、韓国料理、タイ料理などの料理教室の名前がズラリ。それぞれの国の家庭料理が中心で、どれも魅力的ではありますが、私としては特定のジャンルではなく、我が家で手軽に作れるありきたりな料理の基本をマスターしたいのです。もう少し幅の広い料理教室はないものかと探したところ、ありました！

「こでまりキッチンスタジオ」（仮名）。

「和洋中の定番料理・家庭料理。月1回コース、8640円。月2回コース、1万6200円。地下鉄神谷町駅より徒歩7分」と少々値は張りますが、まさにうってつけの教室と思ったものの、なかなかコンタクトが取れません。電話での予約は受け付けておらず、すべてパソコンを使ってのやり取りになるようです。私はアナログ人間で、パソコンを持っていないので「えーい、めんどくせい、やめてしまえ！」と思ったものの、定番は外せないと考え直し、とりあえず息子に体験受講の手続きを取ってもらいました。私は息子のプリントした地図を握り締め、地下鉄を乗り継いで神谷町まで行き、道に迷いながらもどうにか目指す教室に辿り着きました。そこは高級感の漂う高層マンションの１９０４号室。ピリリと身が引きしまり、１９０４号室が「行くわよ」と読めて、まっさらな気持ちでの新たなチャレンジが始まりました。

オートロックの扉を抜け、エレベーターで19階まで昇り、玄関のドアを開けます。室内には大きなガラス窓から明るい光が射し込み、東京タワーと都会の街並みが一望できます。窓辺には大きなサボテン。高層マンションにはサボテンがよく似合います。

主宰者の佐伯こでまり（仮名）先生はいかにも利発そうなキャリアウーマン風。おそらく50代でしょう。太い純金のクサリ型のネックレスを下げ、30代の美形のアシスタントを従え、すでに到着している生徒さんたちと歓談しています。

私はアイサツを交わしただけで、その会話には参加することができず、軽い疎外感を味わいつつ、１００円ショップで購入したエプロンを着け、サボテンの脇にあった資料に目を通します。

この日のメニューは和食で、高野豆腐の煮付け、カボチャのそぼろあんかけ、卵焼き、たっぷりキノコの炊き込みご飯と、比較的地味な印象。一方の生徒は華やかな若い女性ばかりが4人。そのうちの1人は、やけに短いスカートから生脚を覗かせて、なんだかスキだらけというムード。先生、アシスタント、私を含めて7人が力を合わせて料理を作るのです。

先生が「高野豆腐とは、豆腐を凍らせて作ったもので、凍り豆腐、凍《し》み豆腐とも言います」とよどみなく説明します。それを聞きながら、映画マニアの私は、この日のメンバーを〝高野豆腐の七人〟と名付けました。

先生の「では、そろそろ始めましょうか」という言葉に、心地良い緊張感が走ります。キッチンテーブルの上には、5つのまな板と5本の包丁がセットされ、先生の表情もいくぶん険しくなっています。

まずは昆布と鰹節で出汁を取ります。水の分量、火加減、具材を入れるタイミングなどをテンポ良く説明してくれますが、テンポが良すぎて全く頭に残りません。1人に1

枚、きっちりとレシピが配られているので、あとでチェックをすればいいやと開き直り、とりあえずは先生の動きに注目します。

そぼろは豚のひき肉、生姜、ニンニク、タマネギのみじん切りを用意します。

「Aさんは生姜、Bさんはニンニク、島さんはタマネギをみじん切りにしてください」

突然にやって来た実践コーナー。私がタマネギを手慣れた手付きでトントンと切っていると、先生から思いがけず「包丁の使い方が違う！」とダメ出しの声。どこが違うのかさっぱりわからずにいると、さらに「そんなやり方では包丁にストレスがかかる！」という罵声にも似た声が響きます。

「あんたの言葉のほうがよっぽどストレスじゃ！」

私は叫びたい気持ちをぐっとこらえ「はい、すみません」と素直に頭を下げ、先生を見つめました。

「包丁の角度は45度！」

私はパニックに陥り、どこに向かって45度なのか、それ以前に45度というのはどれくらいの角度なのかがわからなくなってしまいました。冷静に考えれば、直角が90度でその半分なのですが、頭がまっ白です。「人生観が380度変わってしまった！」と叫んだガッツ石松と同じです。それでも私はまな板に向かって斜めに包丁を構えましたが、先生からは「それはまっすぐ！」というつれない指摘。私には「わかりません！」と宣言する勇気もなく「えーと……」と言葉を濁すだけ。包丁の持ち方、角度を変え、色々と試してみますが、どうにもなりません。いやな汗と涙までが出てきます。泣いているわけではありません。タマネギが目に沁みるのです。「包丁を上から押さえても切れませんよ。スッと引いて切るんです。そうしないと繊維が壊れて目に沁みます」、先生の言葉が身に沁みます。

タマネギのみじん切り一つでこの騒ぎです。

卵焼きでは、卵を混ぜるという大役を仰せつかりましたが、これも全うできませんでした。卵かけご飯の要領で、金属の箸をカシャカシャと回すと「それでは白身が切れない！」という声が飛びます。「箸は平行に持って、トレイの両脇に当てながら混ぜる」。その意味が不明です。

どうしても「そんなもん、適当でいいじゃん」としか思えません。お米の研ぎ方も直されました。ゴボウの千切りは最も悲惨でした。ゴボウに切れ目を入れ、その後、削いでいくという手順を踏むのですが、言われた通りにやっているつもりでも、大きさが全く揃いません。先生から「島さん、ザツ！」とまで言われてしまいました。料理が完成すると、まずは写真を撮り、全員で食卓を囲むのですが、そのとき、先生は炊き込みご飯の中のゴボウを取り出して、「あら、こんなに大きいゴボウが入っている。可愛くない（笑）」と明らかに私の切った具材をギャグのネタにしやがりました。胃はギュッと縮み、食欲は失せ、料理の味は全くわかりませんでした。

自称「料理の天才」の心はポキリと折れてしまいました。

長く苦しい3時間の体験受講でした。

私は帰り際に、とびきりの笑顔を見せ、「色々とわからないことばかりで、ご迷惑をおかけして、申し訳ありませんでした」と深く頭を下げました。

心の声は（ゴボウがデカくて悪かったな、コンチキショー！）です。

すると先生もまたニッコリと私に笑いかけ「大丈夫。いいんですよ、全然。慣れますから」。その言い方にカチーン！

後日、吉川さんとの恒例のランチ会で「料理には自信があったのに、やることなすこと否定されるんですよ」と愚痴ると、吉川さんは「それはまさに、大学のオチケン（落語研究会）のエースがプロの落語家に入門したときと同じだね」と分析しました。

この講座では、私のようなしがないフリーランスの人間でさえ、あまり味わったことのないような屈辱感に襲われました。叱られた経験の少ない一流企業の重役だった人にとってはなおさらでしょう。良いか悪いかは別として、カルチャーセンターでのカルチャーショックはあなたの人生を変える力を持っているかもしれません。中国や東南アジアの家庭料理の教室なら、また全く別の世界が待っているのでしょう。どちらにしても、一度、試してみてはいかがでしょうか。

結局、私は「こでまりキッチンスタジオ」（仮名）に入会しました。一度大失敗したことは、もう一度だけやってみようというのが、私のささやかな意地なのです。

中華料理の巻

次はガラッと変わって中華料理です。

私の料理の基本は中華鍋、強火、手早くですので、中華はお手の物ですが、そう思うのはやめておきましょう。所詮、素人ですから。オチケンですから。私は謙虚になったというより、すっかりいじけていました。

この日のメニューは「蒸しギョーザ」「春巻き」「麻婆豆腐」「あんかけチャーハン」。私は、蒸しギョーザより、焼きギョーザのほうが好きだし、チャーハンはあんかけより、普通のほうがいい。小さな不満がうず巻いています。

参加者は常連さんのようですが、私にとっては初めて見る顔ばかり。全員がそれなりの容姿の持ち主ですが、その中でもひときわ美しい女性が交じっています。若き日の岩下志麻のような整った顔立ち。芸能界でもめったに出会うことのできないようなべっぴんさん。まるで彼女の周りにだけ春が訪れ、花が咲き乱れ、蝶が舞っているようです。いや、実際に舞っているのです。よく見ると全身にタトゥーが施され、その華奢なうなじにはアゲハチョウが羽を広げています。

あまりまじまじと見つめては失礼と思いましたが、こっそり観察した限りでは、シールではなく本物の彫りもので、手の甲には「根性焼き」らしき火傷の跡がいくつも残っています。この美しき女性は一体、どんな人生を歩んで、この料理教室に辿り着いたのか、興味が尽きません。私はこの女性を「マドモアゼル・バタフライ」と名付け、注目しました。こでまり先生とマドモアゼルの会話に耳を傾けると、その内容があまりにも想定外で、思わず聴き入ってしまいます。

「先生、また包丁を売ってください」

「この前買ったばかりじゃないの」

「あれは別れたカレの家に置いてきちゃったんですよ」

「あら、もったいない。返してもらいなさいよ」

「私の包丁を返してって、そりゃ恐いでしょ！」

「刺されると思うか？」

「包丁がないから、伊勢エビに負けちゃいます。10匹以上いるんですよ」

「伊勢エビなんてどうしたの？」

「密漁したんですよ。殻ごと味噌汁に入れたんだけど、全然美味しくないの」

「伊勢エビを味噌汁に入れるな。それ以前に密漁なんてするな！」

「私ね、綾小路きみまろのライブに行きたいな」

「勝手に行ってこい、ババァ！」

この2人の会話には誰も口をはさむことはできません。どこまでが本当でどこまでがネタかは知るよしもありません。美しい顔からくり出されるシュールなボケにも驚かされますが、うら若き生徒を「ババァ！」と呼ぶ先生のセンスにも恐れ入ります。


そんなことより中華料理ですね。

料理の時間になると、先生は手と口を淀みなく動かし続けます。

「春巻きの具を作るときは、中華鍋の汚れを拭き取ってから、サラダ油を入れて温め、具を加えて炒めます。それからしょうゆ、老酒《ラオチュー》、オイスターソースのタレで味付けして、火を止め、鍋肌から水溶き片栗粉を注ぎますよ。いいですね」

よくないです。鍋肌って何ですか？　鮫肌は知っていますが、鍋肌は初耳。どこからどこまでがお鍋の肌ですか？　先生はこちらの戸惑いなど意に介さず言葉を続けます。

「ごま油を加えてバットに広げます」

今、「バットに」と言いましたか？　バットがあるんですか？　どんなものですか？

それは鉄製の四角いトレイのことでしたが、全く初心者にはキツい授業です。

この日も私は老酒を大さじ2杯と言われ、数あるさじの中から大さじを選ぶことができず、全体の流れを止めてしまいました。近くにあった箸を勝手に使い「これは先生専用の菜箸です！」と叱られ、鍋に日本酒を大さじ1杯加えてくださいと言われたときは、ギリギリまで注いではこぼれてしまいそうだったので、少し調節すると、マドモアゼル・バタフライから「全然、足りないんですけどォ」と個人攻撃を仕掛けられました。私はこの人に逆らうのは危険だと本能的に察知し、言い訳をせず、ただ「申し訳ない」と謝って、逃げるようにその場から去りました。

この日、先生は開始から1時間足らずで「中華料理は最初に材料を揃えたら、あとは一気に調理するだけ。だから今日はまな板の出番はここまで」と宣言します。

私はもう包丁を使わなくていいのだという安堵感から思わず「ああ、良かった！」と快哉《かいさい》を叫びました。すると先生の「何しに来てるんかい！」という鋭いツッコミが、絶妙なタイミングで入ってきます。敵ながらアッパレです。私はつくづく、我々の関係が先生と生徒ではなく、ゲストとインタビュアーとか、パーティーの客同士というような関係性であったなら、かなり仲良くなれたのではないかと口惜しくてたまりません。

今回もまた皆で料理の写真を撮り、食事会が始まると同時に、先生とマドモアゼル・バタフライのトークショーが始まります。

「先生の卵焼きを写真に撮って、今のカレのお母さんに『私の作った卵焼きです』って言って見せたら、褒められました」

「どうぞ、好きなだけ褒められてください」

「次はがんもどきのソテーをお願いします」

「そんなソテーはありません！」

「やればできます。成せば成るです、先生！」

2人のテンポの良いやり取りに耳を傾けつつ、私は黙々と出来上がったばかりの料理を口に運んでいました。どの料理も少し味が薄く、インパクトに欠けるように感じられます。自然の食材にこだわって健康に留意した結果でしょう。家でこれらの料理を再現すると大好評だったので、単に私が濃い味に慣れてしまっているだけなのかもしれません。それにしても、できることなら料理の味をもう少し濃く、料理の教え方をもう少し薄くしてもらいたいものです。

洋食の巻

私はそろそろこの料理教室に通うことが億劫になってきました。

8640円も払って、ツラい思いをするのはどうにも納得がいきません。何がツラいのかといえば、自分が全く評価されず、単に邪魔な存在であるという事実。会費を払っているので置いてもらっているだけという思いにとらわれ、どんどん卑屈な態度を取るようになってきました。登校拒否の子どもの心境が少しわかるような気がします。

スケジュールが合わなければ休むのですが、この教室は、まず先生が候補の日時を出し、NGの日を先に尋ねるので、めったなことでは他の予定と重なりません。

かといって、たった2回で逃げ出すのもどうかと思います。

マンションの1904号室のチャイムを押すときも、最初は「行くわよ」だったのですが、今では「一番クルシー」と読めるようになりました。それでも、人生とは苦しいものと覚悟を決め「おじゃましまーす!」と明るい声を上げ、玄関のドアのノブをひねります。すると中から「いらっしゃーい!」というさわやかな声。

室内にはやわらかな冬の光が射し込み、アロマの香りがかすかに漂っています。

高級感に満ちた空間で、決してムードは悪くありません。この日の生徒はわずか4人で、私以外はすべて女性。この人数では自分のミスが目立ちそうだなと思った瞬間、すでに大きなミスを犯したことに気づきました。エプロンを忘れてきてしまったのです。なるべくなら秘密にしておきたいところですが、エプロンなしでというわけにもいかず、先生にその旨を伝えると、いやな顔一つせず「では、これを使ってください」とシックな黒いエプロンを貸してくれました。

この日のメニューはビーフシチュー、マッシュポテト、野菜サラダ、ガーリッククライスと私の好物が並びました。3回目ともなると、初回よりは多少、先生の言葉も耳に入ってきます。トマトはヘタを取ってから洗う、エノキは袋ごと切る、キノコは洗わない。人間はあきらめが肝心……などの含蓄のある言葉が響き渡ります。

ビーフシチューは300グラムのすね肉を人数分（先生＋アシスタント＋生徒4人＝6人）にざっくりと切り分け、赤ワインとデミグラスソース（缶詰め）でコトコトと煮込むという豪快なものです。私は包丁を使ったり、計量をしたりという失敗のリスクの大きな作業には背を向け、スープのアクを取る係を志願し、おたまを武器にアクと闘う勇者となって、鍋の前に立ちはだかりました。

巨大なすね肉もすっかり柔らかくなり、実にいい色のシチューが完成しました。

そこに手作りのマッシュポテト、カラフルで美しいサラダ、香り立つガーリッククライスが添えられます。写真撮影と食事会が始まります。どの料理も色鮮やかで盛りつけも見事ですが、味は淡泊。私にとっては感動を呼ぶような味ではありません。

私は食事を終え、エプロンを外し、私なりに精一杯たたみ、「ありがとうございました」と言って、渡そうとしたところ、先生は「これはクリーニングしてから返してください」

と当然のように言い放ったのです。私が怪訝《けげん》な顔をすると「これは皆の使うものですから」とダメを押します。ちなみにクリーニング代は378円でした。私が100円ショップで買ったエプロンの3倍以上です。別にそれを根に持ったわけではないのですが、私はあと1回でこの教室と決別することにしました。

私の教わりたかったのは、どこにでもある素材を使いながらも、あっと驚くようなアイデアの詰まった料理でした。300グラムのすね肉や赤ワインやデミグラスソースを用意するような料理ではないのです。では、なぜすぐにやめず、あと1回なのかといえば、次が2017年度最後のレッスンであったこと。3回だと「三日坊主」という言葉が頭をよぎり、中途半端の代名詞のようだからです。3回も4回もたいして変わらないと思う人もいるでしょうが、私にとってはとても大きな違いなのです。

最後の晩餐《ばんさん》

2017年の師走、私にとって最後の料理教室の時間がやって来ました。

メニューは鶏肉の水炊き、白身魚のサラダ、カボチャ入りの炊き込みご飯、野菜のスイーツです。メンバーは先生、アシスタント、危険な香りのマドモアゼル・バタフライ、おっとりとした専業主婦、今回が初参加となる若き男性（新人君）。マドモアゼルは長袖とタートルネックで、タトゥーの露出を最大限に抑え、口数も少なく、しおらしくしています。

「今日はおとなしいのね」

先生の言葉に「私、黙っていると利口に見えるんですよ」と美しい顔でシラッと答えます。「どんな大人でも騙《だま》せますよ」。全く何を考えているのかわかりません。決して近寄らないようにします。

私にとって、この日の白眉はマドモアゼルではなく、新人君でした。先生の簡略化された言葉をいち早くキャッチし、イキイキと実行に移します。それがときに早合点であり、先生の思惑とは大きなズレが生じます。

先生が新人君の切った野菜を見て「こんなに大きくてどうすんの！」と叫んでも、彼は「ああ、そうか、アハハ……」と笑っています。アハハじゃないだろ、アハハじゃ！

屈託がないのか無神経なのか、育ちがいいのかバカなのか。

ところが先生もまた彼のそんな態度にいやな顔一つせず、次の作業に進んでいきます。2人とも私と違って、根に持たないタイプのようです。私の場合、叱られると卑屈になりますが、新人君は何を言われても悪びれた様子もなく、その場のムードを暗くすることはありません。彼の登場は私の立場をかなり心地良いものに変えてくれました。

野菜の切り方がザツ、お米の研ぎ方が違う、牛乳を入れすぎ等々……先生の小言の大半は新人君に向かうのです。私が以前に言われたのと同じこともあれば、初めて聞くこともあります。彼は私の大切な守護神となりました。一瞬ではありますが、これならこの教室に残ってもいいな、と思ったほどです。

吉川さんにこの話をすると「落語家もそうなんだよ。後輩が入門すると前座さんも急にラクになる」とわかりやすく分析してくれました。どんなジャンルでも、修業というものには共通点があるようです。

私はこの日のメニューに「水炊き」があると知り、思わず心の中で「習うほどの料理かい！」とツッコミを入れました。そのときは、肉と野菜を水で炊くだけのことだと思っていたのですが、もも肉と手羽先を入れる際に時間差をつけたり、もも肉はいったん火を止めて粗熱を取るなどの工夫を加えることによって、よく味の染みたとろけるような口当たりとなり、そこらへんの水炊きとは違ったものになります。やはりプロの仕事はあなどれませんが、面倒くさいです。

私の求めるのは冷蔵庫の残り物を有効活用して、20～30分で完成する料理。この際、私は結局、基本はあきらめ、この教室を去り、これからもその場しのぎの料理を作り続けることになるのでしょう。本来なら仲良くなれそうな頭の回転の速い、さっぱりとした気性のこでまり先生、一緒に連れて歩きたい美貌のマドモアゼル・バタフライ、あっけらかんとした新人君とも、今日でお別れです。とてもホッとしています。

後日、私は息子のパソコンから「残念ながら状況が変わり、来年からは教室に参加できなくなりました」という旨のメールを送りました。

先生からは「大変残念です」という返信があり、さらに「まだ基本を習得していないので心配」という一文が添えられていて、小さくカチン。さすが先生、わかってらっしゃいますね。

俳句教室

初心に返って俳句を学んでみました

俳句は奥が深い文学です。私と島君は、イラストレーターの山藤章二さんが主宰する「駄句駄句《だくだく》会」の同人で、20年以上も俳句をやっています。ところが、いっこうに上達しません。もっとも、発句より飲み食いしながら馬鹿っ話をするのが楽しくて集まっているので、上達しないのは当然なのですが。

駄句駄句会は2年ほど前から山藤宗匠が膝の手術をして歩行が困難になったのをはじめ、同人に病人が相次いで、しばらく休会しています。そういう事情があって、私の中で改めて俳句の勉強をしたいという向学心が湧き上がってきました。

自宅から通うのに便利な池袋での俳句教室を探したところ、池袋コミュニティ・カレッジと東武カルチュアスクールに複数の教室がありました。さすがに習い事の定番と言われるだけあって、初心者向けもあれば上級者向けもあります。ほとんどが6ヵ月コースですが、今回の手習いは多くの科目を習いたいので、一つの科目をできるだけ3ヵ月で終わらせたい。そこで、池袋コミュニティ・カレッジの「上田日差子の俳句入門」という3ヵ月コースの教室を選びました。何せ入門ですから、初心に返って勉強したいという目的にかなってます。講習は月に一度、10月から始まって12月に終了するので条件にピッタリです。すぐに西武池袋本店の別館8階にある受付へ行き申し込みの手続きをしました。料金は教材費込みで9976円と手頃な値段です。入会金は無料なので1万円でお釣りがきました（2018年4月から値上がりして1万ちょいになりました）。

申し込みの際に、1回目の講習の「兼題」を教えてくれます。兼題とは、前もって当日までに作っておく宿題です。「文」という字が入るのが兼題でした。季語は自分で入れます。さらに自由題で1句、これも好きな季語で作ります。当日出される席題で1句作り、計3句を投句するとのこと。

帰宅してから発句に挑んだのですが、何せ句を詠むのは久しぶりなので、なかなか浮かびません。半月かかってなんとか2句をひねり出しました。自由題で、「坂道をゆっくり上がる秋日傘」。「文」が入る句として、「秋刀魚《さんま》食ふ文士の腕の細きこと」です。秋日傘の句は神楽坂を上がる芸者衆の姿を詠んだもので、我ながら色気のある句だと気に入っています。秋刀魚の句は、写真で見た芥川龍之介の腕が細かったのと、秋刀魚の形が細いのとを重ね合わせて詠みました。

初回の当日、ちょっと緊張して教室に入りました。上田先生が声をかけてくださったので、ご挨拶しました。先生は上田五千石という著名な俳人の娘さんで、NHKの俳句番組にも出演している方です。とっても優しげな感じの良い中年女性なので安心しました。習い事は、教わる先生のキャラクターが重要なポイントです。

一緒に講習を受ける方々は、男性が私を入れて5名、60代か70代とお見受けしました。女性は50代から80代までの4名、皆さんこの教室に1年以上通っている方ばかりです。新参者は私と70代の老人だけで、まずは自己紹介をしました。

「吉川潮と申します。俳句歴は長いのですが、基本から勉強し直したいと思って入会しました。よろしくお願いいたします」

こんな殊勝な挨拶をしたのは、作家になってから初めてです。当然、先生をはじめ他の出席者は私の正体を知らないので、こういう挨拶をするのが当たり前なのですが。

そういえば、手習いの科目を決めていたとき、島君に言われたことを思い出します。「吉川さんは眼光が鋭くて〝ただ者じゃない感〟が半端じゃないから、正体がバレるかもね」と言われたのです。たぶん、人を観察するのが作家の習性なので眼光が鋭くなるため、「こいつはただ者じゃない」と思われるのかもしれません。それでインターネットで吉川潮を検索されたら正体がわかってしまうということなのでしょう。しかし、心配ご無用。「手習いのときは眼の光を消すから」と答えました。眼光を消すことは簡単です。人と目を合わせないようにして、目を細めて、微笑んでいればいいのです。

「〝眼の光消す〟って、ヤクザじゃないんだから」と島君に突っ込まれました。

話が逸れました。俳句教室に戻ります。先生の後ろにあるホワイトボードには、本日の席題が「コスモス、または秋桜」と書いてあります。秋桜を「コスモス」と読むことは山口百恵のヒット曲で知っていましたが、先生が言うには、秋桜と書いたら「コスモス」でなく「あきざくら」と読むのが正しいとか。あの歌、俳句的には間違ってますな。

秋桜では、亡き母がボケ始めた頃のことを思い出し、「恍惚《こうこつ》の母の愛せし秋桜」という句を詠みました。ボケと言わずに恍惚と表現したのがミソです。推敲していないので、出来のほどは自信がありません。全員の投句が済むと、それを清書しコピーした紙が配られました。9人が3句ずつ、2名の欠席者は投句だけしているので、30句以上の句が列記されています。その中からそれぞれが、佳作4句を選ぶ。私が選んだ句を紹介したいのですが、たとえアマチュアの方でも、作品を無断掲載するのは失礼なのでやめます。とってもいい句が4句以上あって、選ぶのに苦労したとだけ言っておきましょう。

それぞれが選んだ4句を順番に発表するのですが、私の「坂道をゆっくり上がる秋日傘」の句は4人の方が選んでくれました。選んだ理由を述べる際に褒めてもらえるのがまた嬉しく、誇らしい気持ちになります。上田先生にも、「ゆっくり上がるというのが秋らしくていいですね」と褒められました。「秋刀魚食ふ」の句は3人が、「秋桜」の句も1人が選んでくれました。初回の成績としてはまずまずです。

上田先生の寸評は実に的を射ており、しかも褒め上手です。どんな句でも、「この句、いいと思いますよ」とか「いいんじゃないでしょうか」と絶対けなさない。そして、「こうするともっと良くなります」と添削してくれる。詠んだ作者の気分が悪かろうはずがありません。私が思うに、先生からすれば受講生はお客様だから、褒めていい気分にしてくれるのでしょう。

ただし、季語が2つ入っている「季重ね」とか、上の句が「何々や」で下の句が「何々けり」と2度切ってしまうのは良くないとされるので、俳句のルールに反した誤りはきちんと直してくれます。また、俳句は旧仮名遣いを用いるので、「ように」でなく「やうに」、「添える」ではなく「添へる」、「愛おしむ」ではなく「愛ほしむ」と直してくれるのです。私は「秋刀魚食う」でなく、ちゃんと「秋刀魚食ふ」にしてあるのが偉いでしょ。20年以上もやってるのだから偉くないか。

すべての句の寸評が済み、2時間の講習は終了しました。自分の句が褒められて、皆さん気分良く帰っていきます。3句とも佳作に選ばれた私はもちろん上機嫌。次回が楽しみです。

会の雰囲気に馴染んだ2回目の受講

11月の兼題は「風」で、当日の席題が「紅葉」です。それに自由題の句を入れて3句提出します。自由題では、「秋晴れの街に出てさあ何を食おう」という句を作ってきました。下の句は苦し紛れの字余りです。兼題の風では、街で見かけた光景から「北風に負けじと進む乳母車」。席題の紅葉では、通っていた小学校の校庭に大きな木があって、秋には紅葉していたのを思い出し、「逆上がり出来た子の目に大紅葉」という句を詠みました。私は子どもの頃、鉄棒が苦手でしたが、体育の先生と級友たちの協力で逆上がりができるようになりました。くるっと回れたときの喜び、目に入った紅葉。大きな木だったので下の句を大紅葉としたら収まりが良くなりました。

今回の出席者は11名。投句だけの欠席者が1名で3句ずつですから、計36句の中から4句選ぶのは前回と同じです。私の秋晴れと大紅葉の句が共に3人ずつ、北風の句は1人が選んでくれました。大いに満足です。先生の寸評で秋晴れの句が、「意識的に口語体を使って字余りにしたのが面白いですね」と褒められました。「さあ」という間投詞が効いているとも言ってもらいました。別に意識して口語体を使ったわけではないし、間投詞の効果も考えてなかったので、思わぬところを褒められ恐縮しきりです。

今回勉強になったことを記します。まず、「紅葉且《か》つ散る」という季語が「紅葉しながら散る」ことだと知りました。確かにそういうこともあります。それからイチョウが黄色くなるのを「銀杏黄葉《いちょうもみじ》」、イチョウの葉が落ちる季節を「黄落期《こうらくき》」というそうです。俳句は勉強になりますなあ。また、「青首大根」を季語に使って詠んだ方がいて、この場合は中の句の7文字に収めるため、「あおくびだいこ」と詠むとか。

落語には江戸の物売りの売り声についてのまくらがあります。大根売りは「だいこ、だいこ」と「ん」の字を取って声を出すと調子がいい。取った「ん」の字はゴボウを売る際に「ごんぼう、ごんぼう」とゴボウに付けるというまくらです。江戸時代の物売りと俳句がつながるとは意外な発見でした。

2回目となると、出席者の方々と顔馴染みになった感があり、心理的に余裕が出てきました。皆さんご高齢ですから、それぞれが見てきた光景や思い出を句にしているのがわかります。ある方は生まれ育った田舎の風景を詠み、ある方は亡き夫を想って詠み、ある方は家族への思いを句に託す。11人の方々がどんな人生を送ってきたのか知るはずもないのに、句を通してそれぞれの人生が窺える。俳句にはそういう面白さがあるのです。

20年以上、親しい仲間とだけしか句会をやったことがない私としては、面識のない方々と一緒に俳句を勉強するのはどんなものかと不安でしたが、始めてみたら結構楽しい。考えてみると実に不思議ではありませんか。互いにどういう人なのか知らない同士が集まり、詠んだ句を通してコミュニケーションを取っているのですから。「知らぬ同士が小皿たたいてチャンチキおけさ」という歌の文句が思い浮かびました。

手習いとは、「褒められること」と見つけたり

12月の兼題は「歩」。当日の席題は「冬の月」で結構難しい季語です。私は「歩」が入ったのを2句作りました。

「人混みを歩く熊手の見え隠れ」
「歩を指して王手の声や冬座敷」
1句目は酉《とり》の市に出かけたときに見た、混雑の様子を詠んだもので、2句目はテレビでプロ棋士の対局を見ていて、「王手!」の声が冬座敷に響くのを想像した句です。どちらも捨てがたいので、自由題の句を出さずに2句とも投句することにします。席題の句は、「冬の月下界の俗を叱るやう」と詠みました。あまり良い出来ではないのですが、時間が限られているので仕方ありません。

今回も40句近い句から4句選ぶので迷います。私の冬座敷の句は、出席者12名の半分の6名に選ばれました。他にも熊手の句が4人、出来に自信がなかった冬の月の句も1人が選んでくれたので嬉しかったです。冬座敷の句を選んでくれた方々から、「将棋と冬座敷の取り合わせが良かった」、「王手の声が静まり返った座敷に響くさまが表れている」と評され、先生にも「臨場感があっていいですね」と褒められチョー嬉しい。

いくつになっても褒められると嬉しいのが人間です。読者諸兄は最近、家族以外の人に褒められたことがありますか？　家族にだってなかなか褒められないでしょう。やっぱり褒められたいですよね。その点、上田先生はとっても褒め上手なのでありがたい。先生を見ていると落語の『稽古屋』が思い浮かびます。小唄や端唄を教えるお師匠さんは、どんなに下手なお弟子さんでも褒めるという噺《はなし》です。音痴の人には「声がいい」と褒め、声が出ていない人は「節回しがいい」と褒め、褒めるところがなくとも「不思議な魅力がある声」と無理やり褒めてしまうのです。このくらい褒め上手にならないと、稽古屋のお師匠さんやカルチャースクールの講師は務まらないのでしょう。私のように、他人の欠点をズバズバ指摘するような人間には到底無理な仕事です。

教室に通って気がついたのは、高齢者ばかりだと、どうしても来し方行く末の句、散歩の途中に見かけた光景、老境を詠んだ句が多くなることです。私はできるだけその手の句は詠まないようにしてました。私は爺《じじい》、それもクソ爺ですが、爺むさくならないように気をつけてます。ご同輩も心掛けてください。爺が本当に爺むさくなったらいけませんからね。

さて、この俳句教室では3回とも自作の句すべてが選ばれ、先生に褒められて楽しい時間を過ごしました。皆さんが詠んだ句の中には心を打つ句がたくさんあって、作者の人生を垣間見ることができました。先生の添削と季語のうんちくはとっても勉強になりました。これでやめてしまうのが惜しくなるのは当然のこと。というわけで、終了後に受付に行き、あと3ヵ月延長する手続きをしたのです。

また、来月もいい句を作るぞ！

Step②

習得達成の巻

はがき絵教室

最初のはがき絵

〝ご当選おめでとうございます〟

どのくらいの倍率だったのかはわかりませんが、クジ運のない私にも、ついにこんなはがきが届きました。

区報で見つけて申し込んでいたはがき絵教室に当選したのです。10月12日〜12月7日の毎週木曜日。祝日を除く全8回。講義時間は10時〜12時。受講料は1500円です。

私が住む文京区には、湯島、本駒込、向丘などに地域活動センターがあり、「ふれあいサロン」というネーミングで折り紙、史跡さんぽ、老い支度、などの講座が組まれています。その一つに「汐見地域活動センター」のはがき絵教室があったのです。

ところが、往復はがきでの応募はすべて落選すると決めつけていた私は、別ルートで申し込んだ「文京Pクラブ」(仮名)という絵手紙の教室に入会の申し込みの手続きをしたばかりだったのです。はがき絵と絵手紙。呼び名こそ違え、おそらくどちらもはがきに絵を描き、文章を添える点では大きな差はないと考えていました。せいぜい落花生と南京豆くらいの違いでしょう。実はそうではなかったのですが……(なぜ落選と決めつけていたかは、Step③「合唱団」の章で詳しく説明します)。

金銭面では、「Pクラブの絵手紙教室」は入会金は2000円ですが、受講料が1回につき2000円です。往復はがきで申し込んだ、「ふれあいサロン」の受講料は8回で1500円と格安で、1回分に換算すると200円足らずと、10分の1です。

Pクラブはキャンセルしてもよかったのですが、これも何かの縁だ、両方とも受けてしまえ、という気持ちになりました。同じことを教えてくれるのかもしれないし、全く別のノウハウがあるのかもしれません。その2つを同時進行で体験するのも一興です。

私は海外旅行に行ったとき、わずかな時間を利用して、筆と水彩絵の具で、はがきに風景などをササッと描き、短い言葉を添え、見事な作品を完成させる人を何人も見てきました。パック旅行のフリータイムなどはたかが知れたもの。長くて1時間、短いときは10分程度ということもザラです。その間に描き上げてしまうのです。トルコのボスポラス海峡で、はがきにスケッチをしている初老の男性を見つけ、「素晴らしいですね」と声をかけたところ「差し上げましょうか」などと言います。「いいんですか」。私が躊躇《ちゅうちょ》していると、「こんなのはいくらでも描けますから」と悠然と構えています。憧れてしまいますね。

この絵には言葉が加わっていることもあって、私の撮った数々の写真より、ボスポラス海峡の印象を鮮やかに伝えています。私はこの絵を他の写真と一緒にアルバムに貼り、今でも大切に保管しています。そんな想い出もあって、はがき絵、絵手紙はどうしても習得したい分野の一つでした。何かをやろうと思ってはいても、目先の仕事と遊び以外は結局、何もやらないという人生を私は送ってきました。

私はこの機会に、はがき絵、絵手紙の世界を覗いてみようと決心したのです。

1枚目のはがき絵

はがき絵教室の場所は地下鉄千駄木駅のそばの汐見地域活動センター。
我が家から自転車で10分ほどの便利な場所にあります。1階と地階が図書館、2階は複数の多目的スペース。ここではがき絵を習うのです。まずは入口で係の人に受講料1500円を払うと、道具セットを手渡してくれます。その中には水彩絵の具（8色）、パレット、筆（4本）、はがき10枚、小さな色紙《いろがみ》（数十枚）、完成品を入れる赤と紺のフレーム、ケシゴムが入っています。普通ならこれだけで1500円はするでしょう。受講料はほぼタダ同然ということになります。文京区万歳です。

当選者発表の際に、「自前で持参せよ」と書かれていたものは、筆を拭くボロきれ、新聞紙、筆記用具、描きたいモチーフ（花、野菜、果物など）。教室には、テーブルと20脚ほどの椅子。奥に先生らしき上品な初老の女性が腰かけています。一つの教室の中に先生と生徒が何も言わずに座っています。これはある種の緊張感を生みますが、先生はいかにも泰然自若という風情でどっしりと構えています。

まずは陣取り合戦です。先生に近すぎるのも息苦しいし、あまり遠いのも心許《こころもと》ない。できれば若い美人の隣が望ましいのですが、そういう人は見当たりません。

私は先頭から2番目の椅子に座り、ここが指定席となりました。隣には男性が座っています。私を含め男性はたった2人だけ。あとの14人はすべて女性でした。世の男性諸君、もっと外に出ていらっしゃい！　外を歩けば日光も浴びる。骨粗鬆症《こつそしょう》の予防になります。世間とかかわり、社会性を保ち続ければ、認知症の予防にもなります。男性と女性の平均寿命の差もこんなところから生まれてくるのではないかという気もします。

講師ははがき絵作家の奥津和木子さん。

スタート時間の数分前、大半の椅子は埋まったのですが、それでも先生は無駄口を叩かず押し黙っています。始まる前も始まってからも生徒としゃべりまくっている料理教室のこでまり先生（仮名）とは対照的です。

私は何をしたらいいのかわからず、とりあえず目の前に座っているはがき絵の経験者らしき女性のすることを真似て、テーブルの上に新聞紙を広げ、その上に絵の具やパレットを置きました。年甲斐もなく少しドキドキしています。このドキドキは若き日のときめきにほんの少し似ています。

開始時間の10時になると、地域活動センター局長の挨拶に続いて、奥津先生が初めて口を開きます。

このときの先生の言葉で印象に残っているのは、ここは絵の教室ではないから、うまく描く必要はない。線が曲がっていてもイビツでもかまわない。それがまたいい味になる、という部分。思ったよりずっとハードルが低いのです。何かパァーっと目の前が開けたような気がしました。

「皆さん、画材は持ってきましたね」

先生がニコやかに言葉を続けます。

私は画材とは、絵を描くための材料、つまり筆や絵の具のことだけだと思っていたのですが、絵のモチーフのことも指すようです。生徒さんたちはそれぞれ柿、サツマイモ、どんぐり、落ち葉、菊の花など、秋の気配漂う画材をテーブルに並べています。私は家の冷蔵庫に残っていたピーマンを持参しました。ジャガイモ、タマネギなども目に留まったのですが、最も色彩やかだったのがピーマンだったのです。季節感がないのが少し残念です。

「いいですねぇ。色々とありますね。以前の教室では鉢に入った立派な盆栽や、大輪のカサブランカの花束を持ってきた人がいましたけど、そんなものを持ってこられても困ってしまうんですね。ここは絵の教室ではなくてはがき絵の教室ですからね」

先生が何か言うたびに、私の先生に対する好感度が上がっていきます。特に気に入ったのは「下手でいいんです。下手がいいんです。もらった相手がホッとします」というくだり。「あんまりうまいと、返事が書けませんよねぇ」。先生はそんなことを言いながらも、サンプルとして、自分で描いた何枚かの作品を見せてくれましたが、それがめちゃくちゃにうまいんでやがんの！　考えてみれば当たり前の話ですが、言っていることとやっていることが違うじゃありませんか、とツッコミを入れたいところでした。

先生は自分のスタイルを強制せず、細かい指示は一切出しません。それぞれの個性を最大限に尊重してくれます。料理教室で1から10まで否定され、すっかり卑屈になっていた私には非常に心地の良い空間です。

この日に言われたことをまとめると、

①描く対象をよーく見ること。
②色は薄い色から先に塗ること。
③絵だけでは伝わりづらいので、必ず文章を添えること。
④下書きをしてもいいが、ケシゴムは使わないこと（道具セットの中のケシゴムは字や絵を消すためのものではない）。

以上の4点くらいで、あとはすべて自由に描かせてくれます。

私はピーマンをこれまでにないほどじっと見つめ、いただいたパレットに緑色の絵の具を溶きました。全体的に同じような色をしていたので、薄い色を先に塗ることはなく、ただ緑色に塗りたくりました。表面の凹《へこ》みを表現することはできませんでしたが、よく見て描いたおかげでそれなりにピーマンに見えます。

私はその絵の上に墨を使って「ピーマンの初荷をお届けします」と書きました。初めて描いたはがき絵なので、どうしても初という字を使いたかったからです。

こうして私のはがき絵は完成。自分なりに頑張ってはみたものの、見つめ直すとうんざりするほどたどたどしく、人に送れるレベルではありません。絵はまだしも、持ち慣れない筆で書いた字の下手さ加減とバランスの悪さは悲しくなるほどです。

一つの作品が完成しても、まだ時間がたっぷり残っていたので、もう1枚描くことにしましたが、またピーマンを描く気にもなれません。初めて会った人に画材を借りるのもどうかと思います。適当な画材が見つからず困った私は、自分の手を描くことにしました。はがきに大きく自分の左手。そこに「この手で何かをつかみたい」と書き加えました。それははがき絵に対する素直な気持ちでもあったのですが、中途半端にウマいことを言う自分が少し嫌いになりました。やっぱり字も下手です。

突然、隣の男性が「いい字を書きますねぇ〜」と私に話しかけてきます。

喧嘩を売ってんのか、コノヤロー！

私は男性の顔をまじまじと見つめてしまいましたが、オチョクっている様子はなく、どうも本気で言っている様子なのです。

「はあ、自分では全く気に入らないんですが」

私の言葉に男性は、何をおっしゃいますか、という風情で、

「いやいや、いかにもはがき絵という感じに仕上がっていて、素晴らしいですよ」とたたみかけます。それは褒め言葉か……?

私は自分が劣等感を抱いているにもかかわらず褒められ、戸惑い、どう対処していいかわからず、「そちらの絵はとても繊細に仕上がりましたねえ」などと話題を逸らし、この会話を終了させることにしました。

全体の時間は2時間。残り時間がわずかになると、生徒は自分たちの作品を2種類のフレームに収め、マグネットで白板に固定。先生がそのひとつ一つに対して感想を述べていきます。作品の良いところを見つけ、さりげなく持ち上げます。典型的な褒めて育てるスタイルです。私の番がやって来ました。

「自分の手を描いたんですね。それでいいんです。モチーフが見つからないっていうことは決してないんです。自分の周りにはいくらでもあるんです。何を描いてもいいんです。とてもいいアイデアですね」

先生の言葉が身に沁みます。苦肉の策を認められ、まるで学校の先生に褒められた小学生のように心がウキウキします。70歳近い爺《じじい》だって、褒められれば嬉しいのです。ウキウキしてアドレナリンが出まくり、すっかり若返ったような気分になります。

はがき絵、楽しいぞ！

私はそんな気分で教室をあとにしました。

書画印を作る

仕事に忙殺され、1週だけ休んだものの、すぐにはがき絵教室に復帰。

この日は「ゴム印」を作るため、初日に渡されたケシゴムを使うそうです。その他に、カッターナイフ、4Bの鉛筆、ボールペン、メモ用紙、朱肉を用意するようにと言われていたのですが、すっかり忘れていました。料理教室で萎縮してしまった私は、「すみません、ケシゴムは持って来たんですけど、ナイフと鉛筆とボールペンとメモ用紙と朱肉を忘れました！」と先生に告げる勇気がなく、あるものだけでなんとかその場をしのぐことはできないものか、と様子を窺っていました。

奥津先生は淡々とゴム印の作り方を教えてくれます。

島敏光であれば、4Bの鉛筆でメモ用紙に島の「し」、あるいは敏光の「と」と書き、そこにまっ白なケシゴムを押しつけます。すると、ケシゴムに左右が逆転した文字がうっすらと浮かび上がります。それをボールペンで縁取りして、カッターナイフで切り取るのです。手持ちの道具だけではどうにもなりません。追い詰められた私は、先生に今日のために必要な道具一式を忘れてきてしまったと白状しました。さあ、どんな罰が待っているのか……？

さすがに息苦しくなってきました。

先生は、私の言葉に顔色一つ変えません。

「そうですか、私もよくやるんですよ。でもね、そんなときはいつも生徒さんが『先生、これ使って』って貸してくれるんですよ。はがき絵を習う人は優しい人ばっかりなの。だって、はがき絵って、人に差し上げるもんでしょう。皆、心が広いの」

先生ーっ！　優しいのは、心が広いのは、先生です！

なんだか涙がこぼれそうになってきました。手習いを始めると、良きにつけ悪しきにつけ、脳ミソと感情がかきまぜられるような感覚に襲われるときがあります。意識は混濁し、不透明になりますが、そのぶん、今まで見えなかったものが浮かび上がってきます。あまり物事に一喜一憂しないクールなタイプと思っていた自分が、取るに足らないことに怖気づき、くじけ、いじける実にちっぽけな男だと知り、一方では些細なことに心から感動する、意外にいい奴だとも気づきました。皆さん、手習いは始めるべきです。きっと新しい自分との出会いがありますよ。もちろん、同好の士との絆が結ばれたり、場合によってはめくるめくロマンだって巡ってくるかもしれません。

先生の言う通り、左側のたった1人の男性、目の前の女性が、いやな顔一つせず、道具を貸してくれました。

はがき絵に使う印は書画印と呼ばれ、字が白く残り、周りが赤くなるパターンは白印、字が赤く浮き出るのが朱印です。まずは比較的簡単に彫ることのできる白印から始めます。

先生は生徒に「今日は私語を慎み、集中してください」と釘を刺しましたが、先生がこのような厳しい言葉を吐いたのは、これが最初で最後でした。先生は「はがき絵は仕上げが大事。絵と文章を印でまとめるんです」と強調。

絵に合った印を、適切な場所に、心を込めて押す。その場所を間違えると、絵と文字がバラバラになってしまう。印を押したら、もうそれ以上手を入れない、という暗黙のルールがあるようです。書画印はそれほど奥が深く、大切なもので、それを作るにはトンボのMONOというケシゴム（100円）が最適とのことでした。この先生は生徒になるべくお金を使わせないようにしてくれているようです。

人間には得手不得手があります。私は洋服をたたんだり、棚を組み立てたりするのは苦手ですが、細かい作業は得意で、小学生の頃には鉛筆を削ってトーテムポールを作ったり、ケシゴムに自分の似顔絵を彫ったり、はたまた定期券を偽造したりもしていました。自分でも器用なんだか不器用なんだかわかりません。

私は人から借りたナイフで、先生に言われた通りのやり方で、比較的たやすく「と」の字のゴム印を作り、人から借りた朱肉を使い、ノートに押してみました。

ナイフを貸してくれた女性が「もうできたんですか？」と驚いています。「ええ、『と』ですから、簡単ですから」。朱肉を貸してくれた男性は「どうしてもうまくいきません」と憤懣《ふんまん》やるかたないという表情でぼやいています。

見ると「は」の字の右下、丸まったところが抜け落ちています。「島さんは経験があるんですよね！」。「いえ、『は』は難しいですよ。私は『と』ですから」。

私の背後からは先生の「うまくできましたね。これは世界で一つのハンコですよ」と慈愛に溢れたコメント。私は無条件で嬉しくなりました。爺は褒められると子どもに戻り、死にかかっていた脳細胞が一気に再生したような気がします。

思い起こせば、私は人から褒められた経験はほとんどありません。

結婚披露宴で司会などを務めていると、来賓の方から「君、司会がうまいね。プロになれるよ」などと言われることはよくありましたが、私はプロなのですから喜んでいいのか、悲しんでいいのかよくわかりません。その点、はがき絵の大御所にゴム印を褒めてもらえるのは格別です。

作業が早く終わり時間を持てあました私は、ノートにゴム印を押しまくりました。ノートには、赤い地に白ヌキの「と」の字がひしめきあっています。私は暇に飽かせて「とっとと『と』と『と』が徒党を組んだ」という早口言葉を作り、この日のレッスンを終えました。

絵手紙1枚目

はがき絵と並行して、絵手紙の教室にも顔を出しました。

会の名前は「文京Ｐクラブ」（仮名）。講師は日本絵手紙協会公認講師のＳ先生（女性）で、会員のＨさん（女性）が間に立ち、親身になって世話を焼いてくれます。

場所は文京区本郷の「男女平等センター」というところでした。

初めて聞く、なんだか物々しい名前です。男女平等に異論はありませんが、それをセンターの名前にして、声高にアピールするのは今一つしっくりきません。この先、こういうアカデミックなネーミングと接する機会も増えてくるのでしょう。

Ｈさんは、「必要な道具は自分が貸すので手ぶらで来てください」と言ってくれましたが、私ははがき絵教室で使っている筆や絵の具があるので、それらを持参。授業が始まる前に、ＨさんからＳ先生を紹介されました。私が「男性と女性では描き方に違いがありますか」と尋ねると、先生は「全体的には女性のほうが大胆ですね。男性はどうしてもチマチマしてしまうんです」と目を細めます。この答えは意外ではありましたが、その反面、ストンと腑に落ちました。一般的に、会社というタテ社会で生きてきた男性は規則や制約を遵守します。

男性は上司の顔色を窺い、周囲とのバランスを気にして、こぢんまりとまとまる傾向にあります。その点、一家の実質的リーダーである女性は、ある一定の空間と時間ではのびのびと自分のペースを保っています。その差が絵に表れるのでしょう。概して男性は臆病で、女性は勇敢ですよね。

絵手紙の授業が始まりました

生徒は、男性が私を含めて2人、女性はHさんを含めて6人の計8人。ここでもやはり女性優位です。Hさんは「いつもは男の方ももっと多いんですけど、今日は同じ時間に蕎麦《そば》打ちの教室があって」と言い訳じみたことを言います。手習いに通う男性の大半は、いくつかの教室を掛け持ちしているようです。

まずは、数日前に終わったばかりの、絵手紙の合同展覧会の総括からで、先生はどの教室の生徒さんたちよりも、自分の教室の生徒が描く線が美しかったと褒めたたえています。線だけのことを言えば、他の教室の先生よりもレベルが高かったと、威厳に満ちた表情で淡々と語りかけます。生徒たちの目が見る間に輝き始めます。〝カリスマ〟という言葉が、くっきりと私の頭に浮かんできます。

いよいよ実践の時間がやって来ました。

「いつものように、まずは半紙に線を引いてください」

Hさんが私に、和紙と墨汁を貸してくれます。はがき絵では、黒色の絵の具を使っていたのですが、ここでは硯《すずり》で墨をすっている人もいます。

「筆の先端をつまんで、半紙の上から下まで1本の線を1分間かけて引いてください。滲《にじ》んでもかまいません。ゆっくりゆっくり書いてください」

筆の正しい持ち方も知りませんし、どの程度の墨汁をつければいいのかもわかりません。見よう見まねで線を引いていきます。墨汁が和紙に染み込み、ぼんやりと広がっていきます。縦の線を下へ下へと伸ばしても、ときには立ち止まって玉になり、ときには横道に外れ、頼りなげに揺らいでいます。

1本の線を引き終わると次の線。5～6本の線を引いたあと、いよいよ絵に移ります。はがき絵教室では薄い色から先に塗るようにと教えられていましたが、こちらではまず墨で輪郭を描き、のちにその中を色で埋めていくという、正反対のスタイルを取っています。

生徒さんたちが持ち寄った柿、リンゴ、洋梨、栗、ザクロなどの秋の味覚の他、色とりどりの落ち葉や大小のどんぐりが並んでいます。

「とことん見てくださいね」

S先生が釘を刺します。

「表も裏も、ナナメも横もとことん見つめて、自分は何を描きたいのか、色なのか、形なのか、肌ざわりなのか、それを考えてください。さわってください。匂いを嗅《か》いでください。匂いを嗅げば絵もうまく描けます」

本当ですか……？

どんぐりを描こうと決めた私は、匂いを嗅いでみました。ほんの少し、懐かしい土の匂いがしました。見つめていると、子ども時代の様々な想い出が甦《よみがえ》ります。私は普通のどんぐりをどんぐり、丸いものをオカメどんぐり、細長いものを鉄砲どんぐり、大きく立派なものを大砲どんぐりと呼んで区別していました。特に大砲どんぐりは子どもにとっては大切な財産で、ビー玉のように使って遊んでいました。

そんな60年以上も昔のことが鮮明に想い出されます。それが絵手紙に託《たく》された力の一つなのかもしれません。その想い出を断ち切るかのように先生の言葉が響きます。

「絵は描けても言葉の書けない人が多いんです。言葉のスケッチをしてみましょう。〝今日は小雨で寒い。外に出たくない〟。そんな気持ちを表現してもいいんですよ」

私は男性特有のチマチマした絵にしたくなかったので、はがきからはみ出すほど大きく描いてはみたものの、大きなどんぐりには可愛げがありません。それでもなんとか仕上げなければなりませんので、空いたスペースに「昔からどんぐりが好きだった」と書き込み、それでも空白が目立ったので「君も」と書き加えました。

はがきを受け取った人に、どんぐりだけじゃなくて君のことも好きだよというメッセージを込めたのです。教室内をゆっくりと巡回していた先生は私の背後でピタッと足を止め、「新人さん、フレッシュ!」と叫んだのです。

この言葉には新鮮という意味の他に、未熟というニュアンスも含まれていたような気もしますが、爺としてはやはり、「フレッシュ！」と言われて悪い気はしません。

私の創作意欲はＭＡＸとなり、次はザクロの絵に挑戦です。

「色を選ぶときは、本物より鮮やかな明るい色を使ってくださいね。リアリティーにこだわらなくていいんです。もらった人が楽しい気持ちになるように……」

先生が次から次へと適切なアドバイスを伝えてくれます。色を塗るときは筆を寝かせる等々の具体的な指示も忘れません。

はがき絵と絵手紙の先生は両極端で、はがき絵の奥津先生は常にじっと待っています。自主性と個性を最大限に尊重する「鳴かぬなら鳴くまで待とうホトトギス」タイプ。絵手紙のＳ先生は精神論を説きつつ、具体的に導く「鳴かせてみよう」タイプ。共通点は絵下手でもかまわないという基本理念と「褒め上手」。自分としては常に「鳴かぬならそれもまたよしホトトギス」というスタンスなのですが、一度くらいは鳴いてみるのも悪くありません。どちらの方法が自分にとってより効果的なのかはまだわかりませんが、正しい教わり方、言わば「教わり道」を極めてみたいと思い始めました。

道具も使い回しはせず、それぞれ分けて使うことにして、こちらの教室で必要なものを購入しました。線を描く筆＝2052円、色を塗る筆×4本＝3376円、それ以外のよくわからない筆＝540円、半紙×20枚＝100円、下敷き＝324円、それに会費＝200円、講座料＝2000円が加わり、合計で8592円。予算は軽くオーバーしてしまいましたが、かまいません。なんだか燃えてきました。私には人並み以上の才能が隠されているのかもしれないのです。

それなのに……この1日が、私にとって、最初で最後の絵手紙体験になってしまいそうなのです。

はがき絵パート3＆4

私にとって3度目となるはがき絵の授業の参加者は男性2人と女性が2桁。テーマはコラージュ。

奥津先生は小さく切った色とりどりの和紙と直径8ミリほどの黒くて丸いシールを渡

してくれました。この日に必要なものは、初日に渡された色紙《いろがみ》一式とハサミとスティックのり。色紙は、はがき絵専用の私のバッグの中に入ったままになっていましたが、ハサミとのりは持ってきていませんでした。また忘れたというより、前回の講座を休んだため情報が伝わってなかったのです。様々な絵をハサミで切り、のりではがきに貼らなければなりません。

お年玉年賀はがきは絵の具が全く染み込まず、絵が描きにくいので、あまり筆を使わないコラージュは年賀状のシーズンに向けての強い味方になるのです。

先生はサンプルとして、初日に渡してくれたレンガ色の紙、金とこげ茶の草木模様の千代紙を使って作った柿やどんぐりのはがき絵を見せてくれました。四角く切ったレンガ色の四隅に丸みをつけ、へたに見立てた千代紙を貼れば、よく熟れた柿の出来上がり。どんぐりの帽子も千代紙です。この日に配られた色紙を5センチほどの細長いひし形に切り、3枚を放射線状に並べ、その根元の部分に黒いシールをあしらえば、お正月にふさわしい羽根突きの羽になります。そこに自分の書画印を押せば、世界で一つのオリジナル年賀状ができるのです。

先生はお手本通りでもいいけれど、全く別のものを自由に作ってもいい、と強調します。私は金とこげ茶の千代紙を見つめているうちに、キノコが作りたくなってきました。千代紙をキノコの傘《かさ》、レンガ色の紙を柄《え》にするという構想が持ち上がりました。

私はキノコが好きで、図鑑を眺めたり、旅先では森の中に分け入って、キノコの写真ばかりを撮り続けることもあります。

私は結局、隣の男性からハサミとのりを借り、傘の開いたキノコと開く前の幼菌と呼ばれるキノコを作成。千代紙の金とキノコの菌がマッチして、それなりにゴージャスで個性的なキノコが誕生しました。コラージュだけでははがき絵は未完成なので「舞茸よりもＭＹ茸、私だけのキノコ」と、実につまらないコメントを書き入れてしまいました。せっかくのキノコが台無しです。それでも「と」の書画印を押し、オリジナルのはがき絵が完成しました。

次は金魚を作り、「冬には冬の金魚」という自分でも意味不明な言葉を添えましたが、レンガ色の魚は金魚というより無様《ぶざま》なタイのようで、「やぼっタイ」にしようかと思ったのですが、〝そんなものを送られて誰が喜ぶのか〟と思い直しました。まだ時間がたっぷり余っていたので、ケシゴムに「賀正」という文字を彫り始めました。細かい作業で目が疲れます。先生がやって来て、「ここだと手暗がりになるから、窓辺で彫ったらいかがですか」と声をかけてくれます。「手暗がり」という言葉が素敵です。それが終わると、羽根突きの羽のはがきを作り、そこに書画印。これは短時間でいくらでも作れるため、数が必要となる年賀状にはピッタリです。

私と同様、ほとんどの生徒は数点のはがき絵を作り上げています。先生のお手本とは違ったモチーフを扱った人も多く、先生は、ここの生徒さんたちはオリジナリティーに溢れていて、素晴らしいと絶賛。私の「MY茸」というベタベタなダジャレも「楽しいですね」とそれなりに評価してくれました。

次の授業では、さらに年賀状を意識して、先生は干支《えと》である戌（犬）をモチーフに選びました。私は家の玄関に置いてある小さな陶器の犬の置物を持参しました。画材もなく、何のイメージも浮かばないという人のためには、濃いグレーと薄いグレーの和紙を渡し、これを千切って犬の顔にする方法を教えてくれます。

先生の犬の絵に対するウンチクが秀逸でした。「どう描いても犬だってわかりますよ。戌年だから」。なるほど、です。「誰でも自分の飼っている犬が一番可愛いですから。ビーグル犬を飼っている人に秋田犬の絵を送っても喜ばれません」。なるほど、です。「犬を描いたら、ハンコの位置には気を遣ってくださいね。お尻の下に押すと、なんだか別のものに見えます」。なるほど、赤いウンコに見えてしまいますね。

「干支の中で一番難しいのが犬で、一番簡単なのが辰（竜）年です。だって、竜は誰も見たことがないから」。これは、なるほど、とは思えません。どう考えても一番簡単なのはヘビでしょう。

私はせっせと犬の置物を描きましたが、お正月にしてはどうにも殺風景なので、口に赤い実のなったナンテンの枝をくわえさせました。

その姿がバラをくわえたカルメンを連想させたので、ピンク・レディーの「カルメン'77」をもじって「カルメン'18」と書き入れ、「と」のハンコをつきました。先生が、「島さんはいつも言葉に味がある」と褒めてくれましたが、言葉を選ぶのは自分の仕事の一つでもあるので、素直には喜べません。むしろくすぐったいのです。

はがき絵・最終章

はがき絵教室の最終回がやって来ました。

ふれあいサロン汐見に向かう途中、絵のモチーフがないことに気づき、スーパーに飛び込み、リンゴとラフランスを購入。念のため街路樹の落ち葉も何枚か拾いました。

なんとこの全8回の授業のうち、この8回目で初めて参加した女性がいました。

一体、この人の身に何が起こっていたのでしょう。

初参加ということで、この女性は明らかに戸惑っています。自分はどこに座ったらいいのか、座ったあとはどうしたらいいのか、不安でいっぱいの様子です。それは初日に参加したときの私の姿でした。それに引き替え、今の私は躊躇なく指定席に座り、新聞紙を敷き、その上に筆、絵の具、パレット、書画印などを置いて準備万端。これまでの授業で自分でも気づかぬうちに、それなりに何かが身に付いてきたようです。

この日の先生もあまり多くは語りません。

「今まで習ったことを踏まえたうえで、描きたいものを自由に描いてください」と指示するだけ。これこそが人に何かを教える人間のあるべき姿だと思わずにはいられません。すぐに駄弁を弄《ろう》する自分にはとてもできない芸当です。

私は前の週に描いた「カルメン'18」に再チャレンジです。

自分でもこのモチーフは気に入っていたし、同じ絵を何回も描けば、スキルも上がっていくと考えたからです。少しずつ色を変え、アングルを変え、夢中になって描き続けていると、このところずっと気になっていた骨折で入院している91歳の母のことも、いつのまにかすっかり忘れていました。手習いにはそんな効果もあるんですね。厳しい現実が目の前に待ち受けている人こそ、何かに熱中する時間が必要なのかもしれません。

この日に購入した果物はついに最後まで出番はありませんでした。自分の中では、ラフランスはヨウナシ、というオチがついてスッキリ。家でいただきます。

特に最終回のサプライズも打ち上げもなく、あっさりと授業は終了。

先生は、「このクラスの人たちはオリジナリティーに溢れている、特にコラージュのときは自分の想像を超えるものが出てきた、これからも自由に自分らしいはがき絵をいっぱい作ってください」という言葉を贈ってくれ、「はがき絵は書画印で成り立ち、絵を届けるのではなく、心を届けるものなのです」と締めくくりました。さらに「気になっていることがあれば、何でも質問してください」と付け加えます。

私はこれ幸いと、ずっと気になっていた初歩的な疑問を投げかけました。

「はがき絵と絵手紙はどう違うのですか?」

もしかしたら、内容は同じで、呼び方が違うだけかとも思ったのですが、先生は明確に「そうではない」と否定しました。

「はがき絵の成り立ちは古いんですよ。様々なアプローチがあって、無限の可能性を秘めているんです。はがき絵は奥が深いですよ。絵手紙の歴史はまだ浅くて、まずはラインを描いて、その中に色を塗っていくというやり方なんですよ」

「じゃあ、絵手紙は、はがき絵の中の技法の一つということですか?」

「そういうふうに考えることもできますね」

私は前にも書いたように、はがき絵と絵手紙は、落花生と南京豆、あるいはせいぜいピーナッツとの違いくらいしかないと思っていたのですが、訊いてみると落花生と柿ピーくらいの差があったのです。落花生なら茹《ゆ》でて食べることもできるし、ピーナッツバターなどにも加工できますが、柿ピーはどこまで行っても柿ピーなのです。

私は最後の授業で初めてそのことを知りました。はがき絵と絵手紙の先生の教え方の違いもそこから生まれてきたのかもわかりません。

追伸

はがき絵は終了しました。

絵手紙のほうはなかなかスケジュールの調整がつかず、行きそびれています。

年明けと共に大御所のS先生が抜け、Hさんの自宅で「好きな人が集まって絵手紙を描く」というスタンスの勉強会に移行しましたが、まだ一度も参加していない状態が続いていて、6000円分の筆は、まっさらなまま私のバッグの中に眠っています。

ボーカルレッスン

人前で歌えるようになりたい一心で始めた個人レッスン

歌謡曲が大好きです。持っているCDの数は半端でなく、毎晩就寝前に聴くのが習慣になっています。中でも特に好きなのが「ムード歌謡」と呼ばれるジャンル。

ムード歌謡とは、従来の歌謡曲にジャズ、シャンソン、ラテン音楽、ハワイアンなど洋楽のテイストが入ったもので、もともとハワイアンバンドだったマヒナスターズ、ラテンバンドだったロス・インディオスなどが、「ムード歌謡コーラスグループ」と呼ばれるのは、その出自によるものなのです。他にもロス・プリモス、鶴岡雅義と東京ロマンチカなどがあり、前川清がリードボーカルだった内山田洋とクール・ファイブもそうでした。単独の歌手としては、菅原洋一、布施明が代表格で、菅原はタンゴとシャンソン、布施にはカンツォーネとジャズの素養があります。菅原が歌うアルゼンチンタンゴ、布施が歌うカンツォーネは共に日本一だと断言します。

私はムード歌謡をこよなく愛し、テレビの歌謡番組で流れると一緒に歌い出すほど好きなのに、カラオケで歌ったこと、ましてや人前で歌ったことは一度もありません。カラオケが宴会の定番となっている現在、私同様、人前で歌うのが恥ずかしいと思っている方は多いのではないでしょうか。

私の場合、音痴なわけではありません。亡父は長唄三味線の師匠で、私も邦楽に関してはある程度の素養があります。50代から60代半ばまで、小唄のお稽古を続けてました。おさらい会ではお師匠さんの三味線に合わせて唄ったものです。ところが、大好きな歌謡曲をカラオケで歌ったことがない。まるで自信がないのです。今回、ボーカルレッスンを選んだのも、好きな歌を1曲でもいいからちゃんと歌えるようになりたい一心からでした。

カラオケ教室に入ることも考えましたが、ライブの司会をして自分でも歌う島君によれば、「カラオケはマイクとエコーでごまかせるから、本当にうまくなったかどうかわからない」とのこと。やはり、本格的に発声練習から習うことにしました。

インターネットで情報を得たところ、ソードミュージックというグループの案内に、「池袋のボーカルレッスンでボイストレーニング」とありました。池袋は自宅の最寄り駅から10分で行けるターミナル駅なのでもってこいです。一度体験してから入会を決められるというのもありがたい。

問い合わせ先に電話すると、担当する講師が折り返し電話をくれるというので携帯の番号を教えたところ、間もなく講師の佐向真理子さんという方から連絡がありました。メルアドを教え合い、メールのやり取りをして、体験レッスンの日時を決めました。場所は池袋駅東口から歩いて数分の貸しスタジオです。メールに、「歌いたい曲の楽譜かカラオケ、またはその曲が入っているCDを持参してください」とあったので、私は大好きな菅原洋一と布施明のヒット曲集のCDを持って行くことにしました。

レッスン当日、指定された時間にスタジオの受付で待っていると、アラフォー世代と思われる女性が、「吉川さんですか」と声をかけてきました。講師の真理子先生です。個人レッスンは講師との相性が良くないと続けられませんから、とっても感じが良い方なので安心しました。しかも、美形です。

ロビーで申込書に書き込んでからスタジオの個室に入りました。ピアノと機械類だけ置いてある狭い部屋で、防音になってます。大声で歌っても外には漏れません。真理子先生は自己紹介によると、「Ｐ·ｉｃｏ」という芸名でピアノの弾き語りなどのライブ活動をする傍ら、ボーカルレッスンの講師をしているとのことです。道理で電話の声がきれいだったわけです。

「最初に声を聴かせてもらいたいので、好きな歌を歌ってみてください」

まずは「声試し」というところでしょう。そこで、持参した菅原洋一のＣＤを機器にセットして、一番好きな曲、「今日でお別れ」を流してもらいました。ムード歌謡の名曲です。流れる歌声に合わせて歌えばいいので簡単そうですが、いかんせん歌うことに慣れていない素人の悲しさで、情けないほど声が出ていないのが自分でもよくわかります。当然先生にもわかったようで、「それでは、発声練習をやってみましょう」とピアノに向かいました。

初めに、発声のメカニズムを説明してくれます。腹筋を使って腹から声を出す呼吸法です。やってみるとなかなか難しい。「ドレミファソファミレド」の音階で「アエイオアエイオウ」と発声練習をするうち、次第に腹から声が出るようになってきました。幸い音痴ではないので音程を外すことはありません。この練習をたっぷり20分やったあと、「もう一度、さっきの歌を歌ってみてください」と言われました。再度「今日でお別れ」を歌ってみると、あら不思議。最前とは比べ物にならないほど声が出て、気持ちよく歌えるではありませんか。

この歌はなかにし礼の作詞で、とても良い詞ですが、特に2番がいい。

最後の煙草に火をつけましょう
曲ったネクタイなおさせてね
あなたの背広や身のまわりに
やさしく気を配る胸はずむ仕事は
これからどなたがするのかしら

愛しながらも別れる男を思う女の心情が溢れた歌詞です。これを切々たるメロディーに乗せて歌うのは難しいのですが、うまく歌えたので手ごたえを感じました。先生に「だいぶ声が出るようになりましたね」と言われたこともあり、レッスンを続けることに決めました。それから再び発声練習をして1時間の体験レッスンが終了しました。

ロビーで改めて入会申込書を書き、料金を支払いました。入会金が2500円、体験レッスン料が2500円、次の月から1回40分のレッスンが月2回で、月謝が貸しスタジオの料金込みで9000円、合計1万4000円です。個人レッスンとしては適正価格でしょう。決め手となったのは真理子先生の好感度が高いことと教え方が上手なことです。爺とはいえ男ですから、どうせのことなら妙齢の女性に教わりたい。女性と知り合えるのも習い事の良いところです。

こうして本格的にボーカルレッスンを始めることになりました。

歌いたかった曲が歌えるようになる喜び

正式に入会して最初のレッスンも前回と同じスタジオで行われました。まずは発声練習から始まります。ピアノに合わせて先生と一緒に、「アエイオアエイオウー」と声を出します。音階は「ドレミファソファミレド」です。ところが、声を出そうとするとどうしても顎が上がってしまうのです。

「前に飛ばすのは息だけで、声は顎を引いて受け止める感じで」

先生に注意されました。腹式呼吸でうまく声を出すためには姿勢を良くしなければいけません。そこで、頭と背中を壁につけて声を出すことにしました。慣れてくると、徐々に声が出るようになってきます。音階を上げていくと高音でも声が伸びるのがわかります。ただ、すごく体力を使います。

「こんなに大変なのかと思うでしょうけど、ゆくゆく楽に声を出すための訓練ですから頑張って続けてください」

先生に優しく言われると、頑張ろうという気になるから不思議です。次は「はっ、はっ、はっ」と息を吐きながら声を出す練習です。音階が上がるにつれて息が切れてきます。下がると今度は低音が苦しくなる。まるで腹筋運動をしているみたいです。

「この発声練習をすると、普段の声も大きくなりますよ」

先生が言ったので、「人を一喝するときに迫力が出ますね」と言いました。私は公共の場所でマナー違反をする人を叱責することがよくありますので、大きな声が出るのは結構なことです。

しっかり発声練習をしてから「今日でお別れ」を歌ったら、自分でも腹から声が出ているのがわかります。例の2番の歌詞を情感込めてうまく歌えたので嬉しくなりました。そう。習い事の醍醐味は〝今までできなかったことができるようになる喜び〟なのです。

「前回よりも断然良くなってます」

先生に褒められました。「こんどカラオケで歌ってみます」と言うと、こんなアドバイスをくれました。

「カラオケだとお手本と一緒に歌えませんから、リズムを取るのが難しくなります。この曲は3拍子ですので、最も聴きやすい音、たとえばベースの音の3拍子に合わせて歌うようにするといいですよ。ベースの音を意識してもう一度歌ってみましょう」

先生に言われた通りにベースが奏でる3拍子のリズムに乗って歌ってみたところ、さっきよりノリが良くなったと感じました。

「いいですよ。リズムが取れてます。リズムが取れると、息を吸う間《ま》がわかります。カラオケで歌うときもその調子で歌ってみてください」

真理子先生は教え上手で褒め上手です。すっかりいい気分になってレッスンを終了しました。

布施明のヒット曲に挑戦したところ無残な結果に

「今日でお別れ」はマスターしたつもりで、今回は曲を変えようと、私が一番好きな歌手、布施明の歌を選びました。彼のコンサートには毎年最低2回は通うほどの大ファンです。好きな曲はたくさんありますが、歌ってみたいのは「そっとおやすみ」。これが歌えるようになればボイストレーニングをした甲斐があるというもの。意気揚々とレッスンに臨みました。

まずは発声練習からですが、今回は特に低音部を重点的にやりました。腹から声を出すと低音が響くようになります。「低音の発声がうまくできるようになると、普段話す声も魅力的になりますよ」と先生に言われました。「顔が良い男より声が良い男のほうがモテる」とも聞きます。ボイストレーニングにはそういう効果もあるのですね。いつもの発声練習もこなして、いよいよ歌に挑戦です。CDプレーヤーから流れる布施明の歌声に合わせて「そっとおやすみ」を歌ってみました。

ところがどっこい。聴くと歌うじゃ大違い。布施明は語りかけるように歌っているのですが、こんなに難しいとは思ってませんでした。しかもバックがジャズのバンド、確かピアノは世良譲さんです。その伴奏でジャズっぽく歌っているから難度が高い。リズムには乗れない、声は出ない、間ははずす。さんざんです。とても素人が歌えるものではありません。歌い終わると、真理子先生が唸りました。

「うーん。この曲は『今日でお別れ』より数段難しいですね」

おっしゃる通りで、難しいのなんの。

「でも、この曲をいつか歌えるようになりたいという目標を持つのはいいことですよ」

そんなフォローをしてくれる先生はお優しい。

「そっとおやすみ」はいったん中断し、曲を「シクラメンのかほり」に変えました。ご存知の通り、レコード大賞を受賞した布施明の代表曲です。これも歌いたい曲の一つでした。すると先生が、「父が好きな曲ですよ」と言ったので、先生が私の息子と同世代なのを実感しました。親子ほどの年齢差だったのですね。

「シクラメンのかほり」を布施明の歌声に合わせて歌ってみたら、まあまあ歌えました。ただ、サビの部分の高音が苦しい。キーがワンオクターブ高いようです。

「小椋佳《おぐらけい》のシクラメンのほうがキーは低いです。そっちで歌ってみたらどうでしょう」

先生が良い提案をしてくれました。次回は小椋佳にします。

「シクラメンのかほり」が歌えるようになったぞ

次の月も2回のレッスンを続けることにして、9000円の月謝を持参しました。

今回も「はっ、はっ、はっ」と腹から声を出す練習をしたあと、「ドレミファソファミレド」の音階を「アエイオアエイオウー」と発声するのをくり返します。歌う前の大事なルーティンです。それが終わると、真理子先生が、「今日はリップロールをやってみましょう」と言いました。リップロールとは初めて聞く用語です。これは唇をブルブルと震わすことで、声がこもらず滑らかに出るようになるための動きとか。

上唇と下唇を同時に震わすのですが、やってみるとなかなか続かない。先生が、「両手の人差し指を唇の端に当てるとうまく震わせられます」と言ったのでそうすると、〝ブルルルルー〟と震えるようになりました。これでルーティンはすべて終了。いよいよ歌の実習です。前回言われた小椋佳のCDを持参したので、それをプレーヤーにセットしました。「シクラメンのかほり」が流れます。合わせて歌ってみると、確かに布施明のよりキーが低いので歌いやすい。サビの高音も苦しくない。軽い感じで歌うのが小椋佳の特徴ですから、素人が歌うにはこっちのほうが向いてます。

「小椋佳バージョンのほうが吉川さんには合ってますね」

先生がそう言ってくれました。

「ただ、前半の軽い感じで歌うパートと、声を張って歌い上げるサビのパートのメリハリをつけて歌うように心がけてください」

と実際にサビのパートを歌って、手本を示してくれました。歌手としてライブ活動をしているだけあって美しい歌声です。確かにサビのパートまで軽く歌っては、この歌の良さは出ません。言われたことを心に留めてもう一度歌いました。するとどうでしょう。我ながら驚くほど気持ちよく歌えたのです。

この達成感たるや例えようがありません。私は作家ですから、長編小説を書き上げたときなど、小説家ならではの達成感を味わったことはありますが、それとはまた別物で、習い事がうまくできたときの嬉しさは格別です。

今日はとってもいい気分でレッスンを終えました。帰りの足取りが軽い軽い。歩きながら「シクラメンのかほり」を口ずさんだのは言うまでもありません。

ピアノ伴奏に合わせて歌ってみると、また違った雰囲気が

次のレッスンでは、先生が「シクラメンのかほり」の楽譜を持ってきてくれました。今回は先生のピアノ伴奏で歌う予定です。その前にいつもの発声練習をしっかりやらねばなりません。リップロールもなんとかうまくできました。声が出る態勢が整ったところで、いよいよ実習。CDに合わせて歌うのと違って、ピアノ伴奏で歌うのは初めてなので戸惑ってしまい、うまく歌えません。テンポがずれたのを先生が合わせてくれたので、3度目にようやく伴奏に乗って歌うことができました。

「小椋佳のキーが合ってますね。情感があってとても良かったですよ」

褒められたところで調子に乗り、「もう1曲歌ってみたい曲があるんですが」と切り出しました。布施明の若い頃のヒット曲「霧の摩周湖」です。持参したCDをかけて、一緒に歌ってみました。しかし、結果は「そっとおやすみ」同様惨敗でした。サビの高音がいかんせん苦しく、2番はワンオクターブ上がって歌い上げるので、とてもじゃないけど声が張れません。素人には難しい曲とは思ってましたが、歌ってみて確認できま

した。やっぱり布施明の曲は素人には無理です。先生は、「音域が広い曲ですから、カラオケでキーを下げて歌ってみたらどうですか」と慰めてくれました。

口直しに、もう一度「シクラメンのかほり」を先生のピアノ伴奏に合わせて歌い、気分を良くしてレッスンを終えた次第です。

3曲目の「芽生えてそして」を1回でマスターする

いつもの発声練習のあと、先生のピアノ伴奏で「シクラメンのかほり」を歌い、今回は細かい点をチェックしてもらいました。声を張るところ、ブレスの部分、サビの情感などを先生自身が歌って手本を示してくれます。とても素敵な歌声で、実にわかりやすく、的を射ており、それらを踏まえて歌い直すたびにうまくなるのが実感できます。落語家が師匠や先輩方に落語の稽古をしてもらい、高座に掛けてもいいという許しを得ることを「上げてもらう」と言います。「シクラメンのかほり」は上げてもらったと解釈して、すでに上がった「今日でお別れ」を復習の意味で歌いました。

「完全に自分のものにしましたね」

先生からお褒めの言葉をもらって調子に乗り、菅原洋一の持ち歌では「今日でお別れ」の次に好きな「芽生えてそして」をCDに合わせて歌ってみました。するとどうでしょう。初めて歌うにもかかわらず、声が伸びて声量もあり、自分でも信じられないくらいうまく歌えるではありませんか。これは積み重ねてきた発声練習の成果でしょう。声を出すための反復練習をしたおかげです。「芽生えてそして」も先生からお墨付きをいただき、レパートリーが3曲になりました。とっても嬉しい!

こうしてレッスンの最終回を迎えました。始めてから3ヵ月、最初はまるで出なかった声が、今では驚くほど出るようになりました。この日は風邪気味で喉の調子が悪かったのですが、発声練習をするうちに声が出るようになるから不思議です。鍛錬というのはそういうものなのですね。

「今日はマイクを使って歌ってみましょう」

先生はそう言って機械にマイクをセットしました。そして、先生のピアノ伴奏で「シクラメンのかほり」を歌いました。マイクを通して流れる自分の声はよく聴こえるぶん、至らない点もよくわかり、「まだまだ未熟だなあ」と感じました。それでも以前よりは明らかにうまくなってます。

「こんどはカラオケで歌ってみてください」

実は、大学時代の友達連中とカラオケを置いてある店で忘年会があるので、そこでレッスンの成果を示すつもりです。そのことを話すと、先生は、「カラオケだとエコーが効きますからさらに上手に聴こえますよ」と励ましてくれました。仕上げに、マイクを使って「今日でお別れ」「シクラメンのかほり」「芽生えてそして」を歌い、最後のレッスンを終えました。

1曲でもいいから人前で歌えるようになりたいというのが目標でしたが、3曲もマスターできました。先生とは今日でお別れですが、「また気が向いたら、レッスンを再開しましょう」と言ってくれました。こんどは英語で歌うスタンダードナンバーをレッスンしてもらおうかしら。私が一番好きなアメリカの歌手、偉大なるトニー・ベネットの「思い出のサンフランシスコ」を習いたい。

ともあれ、ボーカルレッスンはこれにて終了です。

カラオケで歌ってレッスンの成果を示した夜

ついに人前で歌う日がやって来ました。定期的に集まっている立教大学時代の旧友たちとの忘年会です。大学がある池袋西口のカラオケスナックに6人が参集しました。しばらくは昔話に花が咲いて楽しい時間が過ぎます。小さな店なので他の客がおらず貸し切り状態です。仲間の1人が、「そろそろ歌に行くか」と言い出したのをきっかけにマイクが出されカラオケが始まりました。言い出しっぺが1曲歌い終えたあと、「次は俺が歌おう」と私がマイクを取りました。連中が、「長い付き合いだけど、俺は吉川が歌うのを見たことがない」と口々に言います。「お前、本当に歌うのか」と半信半疑の顔をしています。「まあ、聴いてくれよ」と「今日でお別れ」をセットしました。

実は前日、初めて1人でカラオケボックスに行き、リハーサルをしてきたのです。その際カラオケ装置の操作を覚えたわけでして。1人カラオケは結構楽しく、病みつきになりそうです。さらに、先ほどトイレに立った際、個室の中で発声練習をしてきたのです。テーブル席と離れているので連中には気づかれずに済みました。一度カラオケでさらっていますから、自信を持ってマイクを握りました。

「今日でお別れ」の前奏が流れます。真理子先生に注意されたことを念頭に置いて歌いました。カラオケのベースの音が奏でる3拍子のリズムに乗り、情感たっぷりに歌うことだけに集中する。1番はうまく歌えました。上々の出足です。2番の歌詞はさらに切々と、女心を訴えるように歌いました、マイクでエコーが効いてますから、自分でもうっとりするほど気持ちよく歌えます。こうなると3番は一層勢いが出ます。「込み上げる涙は、込み上げる涙は、言葉にならないさようなら」という最後のパートを歌ったあと、「さようなら」をだけくり返して終わります。その瞬間、全員が拍手をし、歓声を上げました。

「いやあ、驚いた。やるもんだね」

「おいおい、お前、いつからこんなにうまくなったんだ」

「こいつのことだ。隠れて練習したんだよ」

「昔からそういう奴だ」

皆がうるさいことといったらありません。それにしても、隠れて練習していたのを見抜くとは、さすがに長い付き合いだけあって、私の性分をよくわかってますな。

「ま、本気を出して歌えばこんなもんだ」

ちょっと得意げな顔をしたら、1人が、「こりゃ、当然アンコールだな」と言ったので、待ってましたとばかりに「シクラメンのかほり」をセットしました。もちろん小椋佳のバージョンで。最初は語りかけるように歌い、サビの部分は布施明のように歌い上げ、酔い痴れるくらい気持ちよく歌えました。これまたやんややんやの喝采です。「どうだ」とばかりにマイクを置きました。次に谷村新司の「昴《すばる》」を歌った奴はなかなかうまかったけれど、本格的に発声練習をしている私と比べると声の出し方が根本的に違うので、その差が歴然です。

次から次へとマイクが回り、それぞれが気持ちよく歌いました。でも、私より声が出ている者はいません。私は、「最後にもう1曲歌わせろ」と自分からマイクを取り、「鈴懸の径《みち》」を歌いました。立教大学のテーマソングとも言うべき歌で、立教OBの流行歌手、灰田勝彦が歌ったヒット曲です。作曲は実兄の灰田晴彦、作詞は佐伯孝夫。立教のキャンパス内には今でも「鈴懸の径」と呼ばれる道があり、歌碑まであるのです。今の学生はどうか知りませんが、我々団塊の世代にとっては愛唱歌でした。それを最後に歌ったわけです。

この歌は歌詞が1番しかありません。

友と語らん　鈴懸の径
通いなれたる　学舎の街
やさしの小鈴　葉かげに鳴れば
夢はかえるよ　鈴懸の径

この歌詞をくり返し歌うのです。私が歌ったあと、全員で合唱しました。歌い終えると、1人が「今日は吉川に持っていかれたな」と言ったのに皆が同調しました。してやったりです。

最後に母校の応援歌（「セントポール・シャイン・トゥナイト」）を歌ってお開きになりました。二次会はカラオケのない店でおしゃべりだけでしたが、そこでも「吉川があんなに歌がうまいとは思わなかった」と言われ、面目を施しました。真理子先生に大感謝です。

こうして、歌のレッスンは大成功に終わったのです。歌うことが苦手だというご同輩、私は3ヵ月でうまく歌えるようになりました。ボーカルレッスン、それもカラオケを使わない個人レッスンをお勧めします。

島君、合唱のサークルに入ったそうだけど、歌は1人で歌うに限ると思うよ。

Step③

挫折・お手上げの巻

合唱団

初めての合唱

吉川さんがソロなら私は合唱です。

歌は決して下手なほうではない、と自分では思っています。

全く売れませんでしたが、20代の頃はビクター・レコードから「おたっしゃでー」という情けないタイトルのレコードを発売したことも、テレビの生放送で歌ったこともあります。

今では少し冷静になり、自分の弱点もわかってきましたし、プロとして通用するとは思っていません。父は笈田《おいだ》敏夫というジャズ・シンガーで、甘い歌声の持ち主と言われ、私は音程が甘いと言われ続けています。コーラスともなるとそれに拍車がかかります。

私にはそれを克服するための2つの選択肢が待っていました。

一つは合唱、もう一つはゴスペルです。

ハーモニーを勉強するためには、いわゆる巷《ちまた》の合唱団が打ってつけですが、子どもの頃から親しんだ洋楽であるゴスペルも捨てがたいのです。ゴスペルは若い女の子が多いというのも魅力の一つでした。

私はパソコンを持っていないため、資料集めには苦労しています。

さあ、どこからどうやってアプローチしたらいいものでしょうか……？

殊《こと》のほか、役に立ったのが「区報」でした。

私は文京区に住んでいるので、区の広報課から発行されている「区報ぶんきょう」という名前のＢ４サイズ、８ページからなる小冊子が月に2回、ポストに投げ込まれていたのです。この手のものには、全く興味がなかった私ですが、生まれて初めて、隅から隅まで目を通してみると、手習いのネタがわんさか載っていました。

子育て支援、防災フェスタ、「ごみ減量！」推進作戦などの記事の他、いくつかの教室が見つかったのです。文京区にある様々な交流館では「カービング教室」（香りの良い石鹸に専用のナイフで花を美しく彫刻)、「フラワーアレンジメント教室」、「ママとベビーのふれあい体操教室」。「ふれあいサロン」では「話すためのボイストレーニング講座」、「健康と吹矢教室」等々が開催されています。まさか文京区に、吹矢を教えてくれる場所があるとは。ここはアフリカか、と思わずツッコんでしまいました。

私は合唱団の前に、東京オリンピック・パラリンピックに向けた「外国人おもてなし語学ボランティア(無料)」、さらには落花生の収穫をメインとした「八街《やちまた》市農業体験ツアー」(3000円、落花生のお土産付き)に申し込んでいました。方法は往復はがきに講座名、住所、氏名、年齢、性別、職業、電話番号、メールアドレスを書いて、それぞれの部署に送ります。

私は手習い入門の第一歩として、

①区報を読む。

②往復はがき(10枚)を買う。

ところから始めたのです。

おおよそ10日ほど経って、２通の返信はがきが届きました。そこにはそれぞれ、「厳正なる抽選の結果、残念ながら今回の抽選に落選されました旨、ご返信させていただきます」「応募者多数のため抽選を行いました結果、残念ながらご希望に添うことができませんでした」と書かれていました。

２つとも抽選に漏れてしまったのです。八街観光旅行と文京区アカデミー推進課のバカヤロー！

これはまさかの結果でした。ピーナッツや語学ボランティアがそんなに人気があるわけがないと、高をくっていた私のミスです。

これではいつまで経っても手習いに辿りつけません。

そんなときに区報の会員募集のコーナーで「文京ヒューマニティ合唱団」（仮名）の名前を見つけたのです。

こちらははがきではなく、直接電話を入れるようにとありましたので、その通りにすると、ハツラツとした女性の声で、会員は18名、そのうち17名が女性で男性が１人、大半の女性が70過ぎという説明があり、「男性の方の参加は大歓迎ですよ！」という弾んだ声が響き渡りました。さすがに合唱団、実年齢はともかく、声はやけに若いのです。

私は考え込んでしまいました。

70オーバーの17人の女性に囲まれて歌うと思うと、少々気が滅入りますが、その点、ゴスペルは若い女の子が中心で、70過ぎは1人もいないはず。それでも年輩の女性に歓迎されて入団するのと、若いキャピキャピの女の子たちに「あの爺《じじい》、ウゼェ！」などと陰口を叩かれながら、「オー！　ハッピー・ディ〜ッ！」などと叫んでいるのと、どっちが幸せだろうか、いや、居心地が悪くないだろうかと考えました。合唱団のほうには「童謡・唱歌、合唱曲などを歌う」とあります。

日本人なら、この際日本の伝統の歌を教わるのもいいなと自分に言い聞かせ、とりあえず見学に行くことにしてみました。

会場はすっかりお馴染みになった「男女平等センター」。

我が家から自転車で伺ったのですが、時間短縮のために近道に挑戦したところ、それが裏目に出て道に迷い、10分ほど遅れて到着すると、まだ練習は始まっておらず、「見学の方ですね、お待ちしておりました！」と責任者の本間みどり先生（仮名）から丁重に迎えられました。どうも練習を始めずに私を待っていたような気配です。本間先生はスッキリとした目鼻立ちの、聡明そうで、それでいてちょっと気が強そうな50代半ばの女性です。少々気まずい初体験となってしまいました。

教室の中央に招き入れられ、「今日、見学にいらした島さんです」と紹介されました。1人の男性、十数人の女性が揃って優しい笑みを浮かべています。

あたりを見渡すと、広々とした教室の左手にグランドピアノ、その前に十数脚の椅子が並び、全員が腰かけています。「よろしかったらご一緒に」。団員の中の唯一の男性であるMさんが、私に椅子を運んでくれます。自己紹介をと促され、

「白山に住む島と申します。一度、コーラスというものを体験してみたくて、見学にまいりました。よろしくお願いします」

と、当たりさわりのない挨拶をしました。謙虚が一番。面白い男だと思われるより、つまらない男と思われたほうが気がラクです。

すると今度は先生が「島さんはよく通るいい声ですね」と褒めてくれます。話の内容

は謙虚でも仕事用の本声でしゃべってしまったようです。嬉しいような、いたたまれないような、何とも奇妙な感覚です。

「まずは少し体を動かしましょう！」

先生の号令とともに全員が立ち上がります。

「はい、肩を回して」の声に、全員が一斉に肩を動かします。すぐに「痛っ！」という悲痛な声。その先を見ると、茶色にピンクのメッシュの入った髪の女性が顔をしかめています。若く見えてもやっぱり齢なんだな、としみじみと感じてしまいます。一緒に肩を回していると、「島さん、肩の回し方、上手！」と褒められました。何でもいいからとりあえずどこかを褒めて、合唱団に引きずり込もうという魂胆でしょうか。まさか、そんなことを褒められると思っていなかったので、一気に緊張感が高まります。

準備体操がひとしきり終わると、先生のピアノの声に合わせて発声練習。全員が「アエイオアエイオウ」ではなく、「バウラーアアアアー」と意味不明な言葉をくり返します。私はこの意味が気になって仕方がありません（あとで特に意味はないと、先生は教えてくれました）。このあたりで、私は早くも少し疲れてしまいましたが、弱音を吐くわけにもいかず、いたって冷静な顔で、声を出し続けました。「喉を締めないで」「鼻の奥にぶつける感じ」「ウミネコが鳴くように」などの指令が飛びます。

準備体操から約20分後に、ようやく歌が始まりました。

親切なMさんが、私に譜面を見せてくれます。まずは「ドレミのうた」から始まり、次は「赤とんぼ」でしたが、この「赤とんぼ」は「♪夕焼け小焼けーの」ではなく、「♪秋の水、澄み切った流れの上を、赤とんぼ」という、全く聴いたことのない歌詞の歌。このへんからある種の疎外感に襲われます。ピアノに合わせて歌おうにも、遠くからは女性のソプラノ、隣ではMさんのアルトのパートが聴こえます。譜面はほとんど読めないため、どう歌っていいのか戸惑うばかりです。歌はあきらめて、団員の歌声を聴いていると、さわやかな歌いっぷり。音程は正確で、先生の行き届いた指導の跡がうかがわれます。

先生はピアノを弾きながらも、ところどころで「ここはもっとなめらかに〜」「『♪何百何千揃って上へー』のところは、何百何千の赤とんぼを思い浮かべて」、ときには「そこ、そんなに伸ばさない。それじゃ古いパンツのゴム！」などと、オチャメな叱り方もします。この先生はデキる。私はそう確信しました。「赤とんぼ」の次は「もみじ」と続きます。季節は9月。選曲にも季節へのこだわりを感じさせてくれます。

童謡メドレーでは「子鹿のバンビ」「背くらべ」「うみ」「七つの子」「森の小人」「みかんの花咲く丘」と、季節はめちゃくちゃになりますが、なんとなく聴き覚えのある曲が続きます。知っている曲は、団員に混ざってメロディーを口ずさみました。

その後、「風になりたい」「風がはこぶもの」「風」と風シリーズが続き、締めくくりは「青い山脈」でした。どの曲も美しく素朴に仕上がっておりましたが、最後の「青い山脈」だけがやけに元気でした。これは私の生まれた1949年の藤山一郎のヒット曲。本当に全員が私より年上だとすれば、どこかで知っている曲なのでしょう。実にイキイキと歌っています。

ここでようやく休憩となり、それぞれがペットボトルなどを取り出し、喉を潤します。私にもおやつが回ってきます。年季の入った〝もぐもぐタイム〟が始まりました。チョコレート、ハッピーターンという名前のおせんべい、そしてウサギの形のらくがん。落雁と書いてらくがん。米や麦、大豆などの粉と砂糖で作った干菓子で、若い人はめったに口にしません。さすが年輩の女性が持ってくるおやつは一味違います。

私はらくがんを見つめ、この合唱団に入団する決心を固めました。入会金はなく、私はその場で、9月分の月謝3000円を支払いました。これで私はあっけなく文京ヒューマニティ合唱団のメンバーになったわけです。たぶん、そうだと思います。

私の隣にいたおばさんが、「入会ですね」と念を押します。私が「はい」とうなずくと、小声で「先生、恐いですよ」と嬉しそうにささやきました。

2度目の合唱

私は覚悟を決め、次の週も文京ヒューマニティ合唱団の稽古に顔を出しました。「島」と書かれたネームプレートも用意され、早くもメンバーの1人として迎えられたようです。この日は本間みどり先生（仮名）と団員に加え、ピアノの前に1人の女性が座っています。先生は指導に専念するのでしょう。

軽い準備体操、発声練習が終わると、先生は「では今から『ひかわした』のリハーサルを始めます」と告げます。ひかわしたとは文京区の千石にある介護老人保健施設で、合唱団は翌週には慰問に行くことになっていたのです。間近に本番を控え、新参者の世話をしている場合ではないのですが、先生は「雰囲気に慣れるため、今日も一緒に歌ってくださいね」と気くばりを忘れません。コーラスどころかメロディーさえもおぼつかない曲が混ざっているので、見て（聴いて）いるだけでも十分だったのですが、何よりも経験が大事と思って、参加することにしました。

慰問に向けてのリハーサルが始まりました。

私はたった1人の男性団員の隣に立ち、「ドレミのうた」「風」などのよく知っている歌が始まると、ホッとして一緒に歌い始めました。男性は当然、ソプラノではなく、アルトのパートを受け持っています。私はコーラスが付けられるわけもなく、かと言ってメロディーを歌おうとすると、すぐ隣の男性の声に引きずられ、どっちつかずの我ながら気持ちの悪い音を出してしまいます。とても付いていけないのです。皆と一緒に基本から習いたかったなあ、まずいタイミングで入団してしまったなあ、と思うばかりです。このへんが中途採用のツラいところです。

ピアニストの女性は明らかにプロで、かなりの腕前でした。ところが先生は、団員には優しく接していますが、ピアニストには「もっとやわらかに」「リズミカルに」「3拍目を強めに」などと次々に細かい注文を出していきます。プロにはなかなか厳しいようです。〝切磋琢磨《せっさたくま》〟という言葉が浮かんできます。

一方の私は、切磋とも琢磨とも無縁で、何が何だかわからないままに稽古が終わってしまったのですが、あろうことかあるまいことか、先生が私に「島さんも『ひかわした』に参加しませんか?」と尋ねたのです。「いえ、とんでもない!」私は即答しました。「全然覚えていない曲もありますし……」。すると男性団員が「大丈夫ですよ。知っている曲だけ歌えば」とのんきなことを言っています。女性団員の1人も「知らない曲は声を出さないで、口だけ動かしていればいいじゃないですか」とかなり適当です。

それはいやです。曲がりなりにもプロとしてステージに立っている人間として、それはできません。「いえ、今回は見学させていただきます」。私はきっぱりとお断りしました。先生はそれ以上、何も言いません。きっと胸を撫で下ろしてるに違いありません。

3度目の合唱

文京ヒューマニティ合唱団の「ひかわした」の慰問を見学することはできたのですが、スケジュールの都合上、肝心の稽古のほうは1ヵ月のブランクのあとにようやく復帰となりました。

この日の稽古場は、男女平等センターから文京福祉センター湯島に変更。

このところ私が行く場所は、介護老人保健施設ひかわした、文京シビックセンター、汐見地域活動センターなど、地域に密着した生活感に溢れるネーミングが多く、これまでラドンナ原宿、赤坂ステージ1、六本木ケントスなど、ライト感覚で口当たりの良い名前のスポットを根城にしていた私には戸惑うばかりです。

稽古場には、この日もいつものようなリラックス・ムードが漂っていましたが、団員はすでに次の本番に向かってのリハーサルを始めていました。

発声練習の「バウラーアアアアー」に次いで、お馴染みの童謡の数々。のどかな空間をつんざき、時折、先生の「音がバラバラ」、「もっとまっすぐ前に出して」、「人に頼らない！」などの声が飛びます。先生は自分で模範を示し、見事にわかりやすく指導します。具体的なアドバイスと抽象的なアドバイスを織り交ぜながら、少しずつコーラスのクオリティーを上げていこうとしているのがよくわかります。抽象的なアドバイスには名言も多く、「声がぶら下がっている」とか「針の穴を通すように」などのフレーズは、わからないけど、よくわかります。「汽車ぽっぽ」を歌っているときに突然、「汽車が走ってない！」と先生が叫んだのも、私のツボにはまりました。

もう頭が酸欠で倒れそうになる頃、ようやく〝もぐもぐタイム〟がやって来ました。例によってご年配の女性がチョコレートやビスケットを配ってくれます。皆、親切です。1人の女性が私の隣にやって来て発した言葉が、「マッサージをどうぞ」。いやいやいくら何でもそこまでやっていただかなくてもと思いましたが、よく見ると、その手にはキットカットの抹茶味が……。私は「マッサージ」と「抹茶味」を聞き違えていたのです。とてもホッとしました。

先生を中心に、次の本番に向けての作戦会議が始まりました。文京福祉センター江戸川橋で「文京総合福祉センター祭り」が開かれることになっていて、演《だ》し物の一つに「文響フェス」があり、我が合唱団もそこに出演するのです。持ち時間は30分。レパートリーの童謡メドレー、懐メロコーナーの他に、もう一つ目玉がほしい。メンバーの1人から動物シリーズはどうでしょうという声が上がりました。「子鹿のバンビ」から続けようというアイデアです。「他に何かあったかしらねえ?」という先生の声を受けて、「おうま」「ぞうさん」「お猿のかごや」など、次々によく知られた童謡や唱歌のタイトルが並びます。先生は「そういえば『アイアイ』なんかもやったわねェ」と微笑んでいます。「羊や熊の歌もありますね」。おそらく「メリーさんの羊」や「森のくまさん」のことでしょう。

団員からも賛同の声が上がり、「犬もあります」「ウサギも」と盛り上がっていきます。「牛はないわねェ」先生の言葉に、「確かに」とうつむき、沈黙が流れます。さらに先生は「キリンはどうかしら?」と続けます。団員たちは無言です。そんなとき、よせばいいのに私は思わず「キリンの摩周湖」と口走ってしまいました。これが思いのほかウケてしまって、先生と団員が一斉にどっと笑い出したのです。

シーンとしたときは、とりあえず何かを言わなければいけないという司会者の性《さが》がそうさせたのです。「しまった！」と悔やんでも、あとの祭りです。

先生は私の言葉を受けて、ぐるりと周りを見渡し「皆さん、こういうユーモアはとても大切なんですよ」と真正面から肯定するではありませんか。いや、ユーモアなんてとんでもない。霧とキリンをかけた、ただのダジャレです。お願いですからそっとしておいてください。そんなささやかな願いも空しく、団員は私を〝ユーモアのある人に認定〟という眼差しで見つめています。さらに「ヤギ節」「ウシの姿」などのしょうもないギャグが浮かびましたが、ぐっと飲み込みました。以降はただ静かに、無駄口を慎み、真摯な態度でコーラスに挑みました。私のダジャレは忘れてください……。

2度目の見学と4度目の合唱

文京ヒューマニティ合唱団は「文京総合福祉センター祭り」への出演に向けての準備に余念がありません。私は欠席が続いていましたが、このお祭りにはかろうじて参加することができました（出演者ではなく見学者としてですが）。会場には展示企画、子ども広場、屋台などが並び、我が合唱団の出演する「文響フェス」は4階で行われます。

本書は手習いの本ではありますが、合唱団の場合は、見学もまた一つの手習いと捉え、その様子をここに報告させていただきます。

私が到着したときには、合唱団のスタンバイは完了。別のグループの合唱が始まっていましたが、これはカセットデッキでカラオケを流し、平均年齢75歳（推定）の9人の女性メンバーが声を揃えて歌謡曲を歌うというもので、曲の紹介もなければ、振り付けもハーモニーもサービス精神もありません。ショーと言うより公開リハビリテーション。大きな会場に150脚の椅子が並べられていますが、座っているのは30人前後。合唱は突然何の前触れもなく始まり、そして終了し、カセットデッキとともにステージからひっそりと去っていきます。すがすがしいほどの虚無感があたりを漂います。

次に控えしは我ら合唱団。十数名のメンバーとピアニストが、白いブラウスにピンクのコサージュというお馴染みのスタイルで、ゾロゾロとステージに上ります。本間先生がさっそうと登場して、司会を務めます。

「私たちの合唱団は年に数回、文京区の施設におじゃまして、皆さまに懐かしい歌を聴いていただく、そういうグループです。知っている曲があったら、皆さんも一緒に歌ってくださいね」

先生はそんな話をしながら、徐々にショーが始まるぞというムードを盛り上げていきます。最初の曲は季節感に溢れる「もみじ」。スタートと同時に、お客さんたちも一斉に歌い始めました。本当に歌の好きな人たちが集まっているようです。お客さんの歌声は、合唱団のハーモニーに溶け込み、幸せな一体感が生まれます。前の合唱団との圧倒的な技術の差を見せつけ（聞かせつけ）ています。ステージの横では、すべてのトークと歌に手話通訳がついています。

「虫のこえ」「赤とんぼ」と昆虫シリーズが続き、この次はいよいよ動物シリーズかなと思っていると、「電車ごっこ」という意外な選曲。お客さんの数は次第に増え、スタート時点の3倍近く、80人以上に膨れ上がっています。次の曲は「鉄道唱歌」でした。たった1人の男性団員のMさんが運転手に扮し、白いロープで作った輪の中に入り、ピーッと笛を吹きました。

「あっ、運転手さんが登場しましたね。誰か車掌さんになっていただけませんか？」

先生の言葉にお客さんが身構えます。ザザッ、ザザッと潮が引いていきますが、先生は「誰かいませんかァ～?」と客席を見つめて食い下がります。

そのとき、とてもいやな予感が……。その視線が、うつむく私に突き刺さります。案の定、先生は私を指差し、「そこの方、車掌さんになっていただけますか?」。季節外れのサクラ大作戦です。どんなに恥ずかしくても合唱団の関係者である私に、この要請を断ることはできません。私は覚悟を決め「ハイッ!」といい返事をして、ロープに近づきます。気分は公開処刑。ロープが首吊りの道具に見えます。

Mさんが私に帽子をかぶせます。

「よくお似合いですよ」

その言葉に呼応して、チラホラ拍手の音がかぶります。やさしいお客さんたちによる、戸惑う素人への同情の拍手です。「誰でもかまいません。この電車に乗ってくださいね。では始めましょう」。そして「♪汽笛一声、新橋を～」の歌声とともに電車は発進しました。運転手が牽引した電車は、車掌の私と共に客席を走り回りますが、誰もロープの輪の中に入ろうとしません。歌が2番、3番と続いても、状況は変わりません。これがギャラをもらっている仕事なら、何としてでもお客さんを巻き込むのですが、とてもそんな気分にはなれません。電車は回送電車となって、始発駅に戻ってきました。この秋一番の恥ずかしい思い出です。

歌は「汽車」「汽車ポッポ」「汽車ぽっぽ」と続きます。参考までにご紹介しましょう。「♪今は山中　今は浜～」で始まるのは「汽車」。「♪汽車汽車ポッポポッポ　シュッポシュッポシュッポッポー」が「汽車ポッポ」。「♪お山の中ゆく汽車ぽっぽ」が「汽車ぽっぽ」です。

翌週のレッスンは、それぞれが文響フェスの感想を述べるところから始まりました。「リラックスして歌えた」「先生の司会がよかった」「前のグループが下手すぎた」等々の素朴な意見のあとで、「では、島さん、観客としての感想を聞かせてください」との指名。私はこういうとき、思わずムキになってしまうという悪い癖があります。

「とても良かったし、他のグループとのレベルの差を見せつけましたけど、少し全体が直線的でした。たくさんのお客さんが、皆さんと一緒に歌ったことを考えれば、もっとハーモニーやコーラスを前面に押し出したほうが、立体感が生まれると思います」と、評論家の視点、司会者の口調で語ってしまいました。入団したてのまだ何もできない新米が、上から目線でこんな能書きを言うのは、いくら何でも感じが悪いぞと思い直し、「まあ、少しそんな感じも受けました」などとはぐらかしました。先生もまた「素晴らしい意見を聞かせていただきました」と大人の対応を見せてくれます。

ここからはいつものように準備運動と発声練習。

この日は広い教室が借りられたので、全員が教室の四方八方に散らばって発声練習。声の響きが全く変わってしまうのが面白い。先生は様々な状況の変化を臨機応変に活用します。私は少しの汗と少しの恥をかき、レッスンを終えました。

この合唱団との付き合いにも、刻々と終わりが近づいているのです。

残念なエンディング

いつになく私の体調は最悪で夜中に何度も目を覚まし、トイレに駆け込みました。

下腹部の不調と睡眠不足に苛《さいな》まれながらも、何とか稽古場まで辿りつきました。私はこの日、本間先生に脱退の意向を伝えようと考えていました。ラジオ番組のパーソナリティ、背骨の圧迫骨折に苦しむ母の見舞い、後述する別の手習いなどが重なり、稽古に参加するメドが立たず、こうなるとただメンバーの足を引っ張るだけです。

私の意向とは無関係に、この日の発声練習では、先生はかなりシュールなフレーズを次から次へとくり出します。

「音が上がりきっていませんよ、口から声を出さないで、目から出して！」

〝目からかい〟と思わず私は苦笑い。ところが団員の少し下がり気味だった音程が、かすかに上がったように感じます。適切なアドバイスだったのです。

「もっと目をキラキラさせて。誰が何と思おうと、私は20歳！」

一気に50歳も若返らせようとしています。

「ついに私は19歳！」

実にポジティブな先生です。

歌は「童謡メドレー」の「子鹿のバンビ」から始まります。私はアルトのパートに回っていたので、隣にいる男性団員のMさんの音をなぞり、なんとか無難にやりすごしました。続いての「うみ」はアルトで歌った記憶はなく、Mさんの音をなぞることもままならず、ソプラノとアルトの音が同時に頭の中で旋回し、どっちつかずの気持ちが悪くなるほどいやな音が、自分の口から染み出してきます。「七つの子」も同様で、「森の小人」に至ってはかなりトリッキーな展開が待っていますので、まごつくばかりです。

そうこうしているうちに、本当に気持ちが悪くなってきました。酸欠と貧血の症状が同時に訪れ、体中に冷たい炭酸水を塗られたかのように、プチプチと体温が奪われていきます。ああ、このままでは倒れる、と思った私は歌うのをやめ、椅子にへたり込みました。童謡メドレーが終わると同時に先生が「島さん、大丈夫ですか」と心配そうに声をかけます。「顔がまっ白ですよ」「ちょっとめまいが」「無理をしないでくださいね」「スミマセン、少し外で休みます」……私は教室の外に出て、ロビーに椅子を並べ、横になりました。

私はそこで少し眠ったようです。気分は落ち着いてきましたので、リハーサルの終わる頃を見計らって、教室に入ります。

「どうも申し訳ありませんでした。少し寝不足だったもので……」

「大分、顔色が戻ってきましたね」

先生が私を元気づけようとしているのがわかります。団員も口々に「お大事に」「ゆっくり休んでください」「次に会うときは元気でお会いしましょうね」と心の込もった言葉を投げかけてくれます。

でも、もう、次はないのです。

私は貧血で倒れ、先生と団員に心配をかけ、何の戦力にもならぬまま、やめていくのです。やめるならやめると、先生にキッチリと伝えると心に決めながら、体調不良のどさくさで言いそびれ、すべてがウヤムヤとなり、何一つ形にすることもなく合唱のページに幕を閉じようとしています。合掌。

日本の名曲にコーラスを付けるというささやかな夢は、いとも簡単に破れてしまいました。またいつかどこかで再びチャレンジをしたいという気持ちと、自分に向かないことには手を出さないほうがいいという思いが、心の中でせめぎ合っています。

やり始めたことは最後まで貫くべきか、人間はあきらめが肝心なのか、今の私には判断がつきません。

先生、ごめんなさい。

団員の皆さん、ごめんなさい。

後日、年が明けて、私はMさんにメールを出しました。

「昨年の後半は稽古に参加できず、申し訳ありませんでした。さて、今年の話ですが、状況が変わり、土曜日が使えなくなってしまいました。この状況が改善されるか、稽古の日程が変わりましたら、改めて参加させていただきますが、それまではしばらくの間、お休みをさせていただきます」

自分勝手なキレイゴトではありますが、この言葉に嘘はありません。

この合唱団とのお付き合いがこのまま消滅するのか、また縁が結ばれるのかは、運を天に任せましょう。

私は料理と合唱という手習いにかかわり、共に半年足らずで挫折。我ながら情けない限りですが、明日につながる手習いも見つけました。その話は次項で……。

蕎麦《そば》打ち教室

自分で打った蕎麦を食べる夢は儚《はかな》くも消えた

蕎麦が大好物です。銀座ならあの店、浅草ならあの店、池袋ならあの店、と決めた店が何件かあるくらいです。落語には蕎麦が出てくる噺《はなし》がたくさんあって、中でも有名なのが『時そば』でしょう。美味しい蕎麦と不味い蕎麦を食べる対比が面白く、寄席の演《だ》し物の定番です。他にも、蕎麦の大食い選手権とも言うべき『そば清』、蕎麦が好物という虫が出てくる『疝気《せんき》の虫』などがあり、寄席でそれらの噺を聴くと、たまらなく蕎麦が食べたくなり、帰りに蕎麦屋へ寄るほど好きなのです。

それに、〝蕎麦打ちは定年退職した男性がやりたい趣味のベスト1〟とも言われるくらい人気があると聞きます。「爺の手習い」には、絶対に外せません。

ところで、自慢じゃありませんが、私は不器用です。特に細かい手仕事が大の苦手ときている。そんな爺でも蕎麦が打てるのか、果敢にチャレンジしてみました。ネットで探したのは、池袋にある北東製粉という会社が開いている「そば打ち体験実践教室」で、料金は1回の体験コースが3600円。5回の実践コースが1万5420円。10回のコースが2万5710円となってます。いずれも材料費、消費税込みです。

まずは体験コースを申し込みました。続けてもいいと判断したら、終了後に5回の実践コースを申し込むつもりです。電話連絡したその週に体験コースが開催されるというので予約しました。打った蕎麦は持ち帰ることができるとのこと、エプロンとタオルを持参するようにと言われました。

当日は意気揚々と出かけました。70になって初めての体験というのは、年甲斐もなくワクワクするものです。池袋駅から地図を頼りに歩いて7~8分で現地に着きました。製粉工場と隣接する事務所の2階で教室が開かれます。受付で参加費を払い、上着を脱いでエプロンを着けて待機しました。定員は7名で、この日は私を入れて5名でした。50代と70代の男性、そして30代のご夫婦です。夫婦揃って蕎麦好きで、自分で打ってみたくなったのでしょうか。

　作業場に入りました。まずは講師の職人さんが実際に蕎麦を打って見せるデモンストレーションを見学します。講師は30代の若い職人さんです。テーブルの上に木鉢が置かれています。その中に800グラムの蕎麦粉と200グラムの小麦粉を入れました。蕎麦粉8割、小麦粉2割、「二八蕎麦」と言われるものです。水は粉の半分が原則とかで500cc入れます。ただし、水の量はその日の湿度や冷暖房の影響によって加減するとか。本格的な蕎麦打ちの話になってきました。いいぞ、いいぞ。

　まずは粉に水を加える「水回し」。水は3回に分けて入れるので、最初は250cc入れます。さらに両手の指先と手のひらで粉と水を混ぜる「擦り合わせ」をしながら、徐々に残りの水を加えながら塊を作る。職人さんの手の動きは惚れ惚れするほど見事なものです。ここまでが第一段階。

　塊ができたら、生地の表面に艶が出るまで、残りの水を加えながら何度も何度も手のひらで木鉢に擦り付けるように練ります。これが「つや出し」と「練り」。次に内側へ折り込むようにして生地を滑らかにしていきます。さらに内側へ折り込んでいくと、菊の花びらのようになるので「菊もみ」と言うとか。その後、生地の空気を抜くために両手で絞り込んで円錐形にするのが「へそ出し」。いずれも専門用語ですね。職人さんは説明しながら作業を進めますが、私は彼の手の動きに見入ってしまい、話が頭に入りません。自分で打つときは教わりながらやればいいか、と思いました。

ここまでが第二段階で、初めて木鉢から生地を出して、打ち台と呼ばれるテーブルに移します。打ち粉と呼ばれる粉を振りかけながら、手のひらで大きく丸く延ばす「丸出し」という作業で、手のひらだけでは限界があるから、ここで初めて麺棒を使います。手打ち蕎麦の作業を見たことがある方は、生地を延ばす麺棒がおわかりかと存じます。麺棒を使って大きな円形に延ばした生地を手前から麺棒で巻き取り、押し転がしながら4方向に角を出していきます。つまり、円形の生地を正方形にするわけです。この「4つ出し」の技は素人ができるものではないと、自分で打つのが不安になりました。「4つ出し」が終わると、生地の厚さを均等にするため、打ち粉を振りかけながら麺棒で厚さを整えます。これが「粗のし」。さらに生地をより一層均一にする「本のし」をしてから、正方形の生地を折りたたんで長方形にします。そして、いよいよ「包丁切り」

です。まな板に乗せて打ち粉を振りかけ、蕎麦切り包丁で切っていく。職人さんはリズムよく「トントントントントン」と1ミリ幅で切ってますが、均等に1ミリ幅で切るなんて至難の業。素人にできるわけないでしょう。ここでまたもや不安を感じました。

あっという間に打ち粉にまみれた細い蕎麦が出来上がります。10人前あるとかで、5人の参加者が2人前ずつお土産に持って帰れると聞いて、それをもらえば満足、もう自分で打つこともないか、とさえ思ってしまいます。今職人さんがやった作業が写真入りで記してあるペーパーが配られ、それぞれが作業台の前に移って自分で打つ運びとなりました。

講師の職人さん以外に2人の年配の指導員が加わり、3人がかりで教えてくれるのがわかって心強い限りです。個人で打つ量は講師の半分、500グラムです。そば粉が400グラム、小麦粉が100グラムの割合で、水回し、擦り合わせ、つや出し、練り、ここまでは指導されるまま自分でやりました。ところが、練りのところでなかなかいい艶が出ません。菊もみとへそ出しもうまくできない。見かねた指導員が手伝ってくれ、菊もみ、へそ出しを経て円錐形にしてくれました。

次の丸出しがまた厄介です。手のひらでやっても麺棒を使っても要領が悪いので厚さのムラが直りません。我ながら不器用なのがいやになります。「4つ出し」では麺棒を使って、なんとか丸い生地を正方形にしました。指導員に、「いい形になったじゃないですか」と初めて褒められました。嬉しかったかって？　嬉しいわけないでしょう。喜んでる余裕なんてないんですから。

正方形の生地をたたんで長方形にし、「こま台」と呼ばれる台に乗せて包丁切りです。1ミリ均等に切るなんてとても無理だと思ってましたが、実際にやってみると想像をはるかに超えて難しい。包丁をちょっとだけ倒し、角度をつけて切るのですが、その角度が大きいと太く切れてしまう。ときどき1ミリ程度に細く切れることがあってもそれはたまたまであって、たいていは太くてうどんの幅になってしまいます。ときにはさらに太すぎて、きしめんになってしまったこともありました。つまりは、太さがばらばらで、蕎麦、うどん、きしめんが入り混じった代物になったのです。様子を見にきた指導員が苦笑交じりで手助けしてくれました。それでも500グラムのほとんどが出来損ないです。それをビニールの容器に入れてくれましたが、持って帰るのがいやになりました。

思い返すに、練りが不十分だったのかもしれない。いや、すべての過程において中途半端だったのでしょう。それでもせっかくだから持ち帰ることにしました。最初に講師の職人さんが打った蕎麦2人前のお土産があるだけましだと言い聞かせながら。

あまりの不味さに自作の蕎麦を捨てる

帰宅後、早速食べてみようと、まずは自分で打った蕎麦を2人前茹でました。鍋に入れる際に蕎麦がぼそっと切れてしまうので、〝こりゃあダメだな〟という予感はしていました。太さがばらばらですから、当然のことながら茹でるとムラが出る。適正な時間で茹でると、うどんときしめんの太さのは茹で時間が足らず、ちょっと長く茹でると蕎麦のほうが茹ですぎてしまう。私の親しい落語家、春風亭勢朝さんが上田市内で蕎麦を食べたときに言った「真田ゆでむら」という秀逸なダジャレを思い出しました。

とにかく鍋から出して水で洗い、氷水で冷やして食べてみました。ひと口食べてそのあまりの不味さに驚いた。にちゃにちゃしていて、食感が良くなく、蕎麦の風味がまるでありません。こんな不味い蕎麦を食べたことがない。飲み込まずに吐き出してしまいました。そのとき、はたと思い出したのは、落語の『時そば』です。不味い蕎麦を食べた客が、蕎麦があまりに太いのでこう言うのです。「これ、うどんじゃねえのか」。そして、ひと口食べて、「べとべとしてるよ」と。箸に見立てた扇子で口の中をかき回し、「歯にくっつくね」とも。まさに私が打った蕎麦がそれでした。ひょっとして、『時そば』の不味い蕎麦屋は、蕎麦打ちの初心者だったのかもしれませんな。

これも『時そば』に出てくる台詞ですが、落語の前半で美味い蕎麦を食べた客が、「脇で不味い蕎麦を食っちまったんだ。一杯で勘弁してくんな」と言います。私も不味い蕎麦を食べてしまったので、口直しに職人さんが打った蕎麦を食べることにしました。茹でるのに容器から出してみたら、あくまでも細く、1ミリ均等に切られた蕎麦は見事なもので、触った感触でいい蕎麦であるのがわかります。完璧に打って練りこんで、均等に切られた蕎麦は、説明書通りに茹でて冷やして食べたら美味いのなんの。「餅は餅屋」と言いますが、「蕎麦は蕎麦屋」ということですなあ。

私が打った蕎麦があと3人前残ってますが、容器に入れたまま捨てました。失敗作は見たくもありません。「私、失敗しないので」というのは、米倉涼子主演のテレビドラマ、『ドクターX』における決め台詞ですが、実は私も「失敗しない作家」と自負してました。小説やエッセイで失敗作が極めて少ないのが自慢でしたし、実生活でも失敗は少ないほうです。だから、たとえ趣味であっても失敗したのはちょっとショックでした。最初から「素人が1回で美味い蕎麦が打てるわけない」と思っていたからそれほど大きなショックではありませんが、それでも失敗すれば落ち込みます。

島君が合唱サークルに入ったものの、挫折してやめてしまったことを笑った自分がこのザマです。人を笑う者は人に笑われると言いますが、本当でした。〝自業自得〟という言葉が頭をよぎります。

蕎麦打ち体験を落語に置き換えると、しょっちゅう落語を聴いてるファンが、1日だけ落語家に入門し、落語の稽古をしてもらったようなものでしょう。いくら耳が肥えたファンでも、聴くのと演じるのとは大違いで、素人が落語家の口調でしゃべれるわけがない。私のように50年以上も落語を聴き込んでいる演芸評論家でさえ無理です。蕎麦打ちも同じことで、蕎麦好きが蕎麦の味がわかっているつもりで蕎麦を打っても、1回でうまくいくわけはないのです。

ただし、北東製粉の名誉のために付け加えておくと、この教室のシステムはとってもいいと思います。1回やってみて、続けたい方は5回か10回の実践コースに進めるのが親切ですし、料金も適正です。今回の受講生の中には実践コースを申し込んだ方がいたようです。私も見込みがあればそうしました。しかし、あまりに不器用なのと、根気がないのであっさりあきらめてしまったわけです。残念ながら自分で打った蕎麦を食べるという望みは断念するしかありません。

いただいたパンフレットには、手打ちの道具セットのカタログが載ってました。練り鉢、のし板、のし棒、巻き棒、こま板と蕎麦切り包丁、すべて揃って5万8000円とあります。実践コースに進んで、凝ってしまった方はこのセットを購入し、家で蕎麦を打つのでしょう。私も願わくはそうしたかった。

蕎麦打ちは失敗に終わったわけですが、「失敗しない作家」としては、世の中にはうまくいかないこともあるのだと思い知っただけでも勉強になりました。

Step④

やめるか、続けるか……の巻

ウォーキング教室

紅茶教室

ウォーキング教室

「目からウロコのウォーキング教室」体験入学

何が「目からウロコ」なのかは不明ですが、この教室の主眼は「初心者向けの効果的な歩き方と正しい姿勢」。対象者は「18〜74歳の文京区内在住者」。私にピッタリです。

私は普段、タクシーにはめったに乗らず、バスもあまり使わず、1駅や2駅分くらいなら常に自分の足で歩いています。家を出て、ランチを食べ、映画を見て（ときたま仕事をして）帰って来ると、8000歩は下りません。旅行先などでは2万歩に手が届く、いや足が届くこともあります。

しかし、〝ウォーキングは習うようなことか？〟という思いが頭をよぎります。

右足と左足を交互に出して前に進めば、それでいいのではないか、とどうしても考えてしまうのです。ヨガ教室に通っている妻に言わせれば、私の体は左右のバランスが悪く、常に左肩が上がり、右肩が下がり、そのくせ右の腰が上がっている、つまり体がよじれているとのことです。正しい姿勢で正しく歩くことは、人間の暮らしの基本なので、しっかり習ったほうがいいとウンチクをたれます。

妻の言うことに黙って従うのは不本意ですが、この講座は往復はがきではなく、電話での問い合わせも可能だったので、まずは電話をかけてみました。とても感じのいい女性の「一度、体験してみてください」という言葉に、何よりも「断る」ことが苦手な私は「では、よろしくお願いいたします」と反射的に同意してしまいました。時間は14時から15時30分まで、場所は文京区役所。我が家から自転車で6~7分のところです。

スタートの時間より、10分ほど前に到着しましたが、詳細を記入したメモを忘れ、教室の場所がわからず、途方に暮れてしまいました。確か2階だったと思い、ウロウロと歩き回ります。まるで徘徊《はいかい》老人のようです。

そうこうしているうちにスタートの時間が迫ってきます。

2階のサービスセンターの事務員に、ウォーキング教室の場所を尋ねましたが、なんと「わからない」との答え。いやな汗が吹き出してきます。

初日から何か根本的な間違いをおかしているのではないか……心は千々に乱れ、パニックに襲われます。ついにタイムアップ。もう、どうしていいかわかりません。手習いなんてやめちまえ！　そんなやけっぱちな気分にもなります。

「ここで今日は、ウォーキング教室があるはずなんですよ！」

職員の女性も困った顔で、哀れなボケ老人を見つめています。「すみません、区報を見せてください！」。すると職員は戸棚から最新の区報を取り出し、渡してくれましたが、そこにはウォーキング教室のことは載っていません。「もっと前のもお願いします」。何冊かの区報に目を通していくと、ありました！

日付を確かめると、確かにこの日、場所も文京区役所。私はそこに書いてあった電話番号を携帯でプッシュ。誰も出なかったらどうしよう……と思っているとすぐに「もしもし」と明るい女性の声。私は、自分が文京区役所の中にいるが、教室の場所が見つからないと訴えると、3階の部屋だと教えてくれました。

私は階段を駆け上がりました。そこには広々とした教室があり、十数枚の細長いマットが敷かれています。奥の壁は全面が鏡張りで、ダンス教室か芝居の稽古場を彷彿《ほうふつ》とさせます。

十数人の男女（大半が女性）がすでに集まり、マットの上に座っています。空いているのは最前列のみ。私はそれだけは避けたかったので、3列目のマットの端のほうに座っている男性に、「ここ、よろしいですか？」と尋ねると、男は怪訝《けげん》な表情で「えっ！」と言ったきり、黙ってしまいました。私が「いいじゃないですか、半分使わせてくださいよ」という気持ちを込めて、じっと見つめると、男は少々不愉快そうに、同時に申し訳なさそうにようやく口を開きました。

「1人1枚なんですけど」

そうか、そうだったのか、それは知らなかった。でも、考えてみれば当たり前だな、そんなことにも気づかないなんて、きっとパニック状態が続いていたのでしょう。私は恥ずかしさに押しつぶされそうになりながら、最前列のマットに腰を下ろしました。もう始まる前からクタクタです。

講師は「健康運動指導士」という肩書きの40歳前後の女性、Hさん。世の中には色々な肩書きがあるもんですねえ。Hさんはショートカットで健康的。話し方もさわやかで好感度は高いのですが、初対面の日から数日が経った今、全く顔が思い出せません。女子力を発揮するというより、女子力を隠蔽《いんぺい》して、教室に溶け込んで、一体になってしまったようなタイプです。

まずはウォーキングの効果についてのレクチャーから。

約1時間ほどの講義で、短くまとめると、正しく歩くことは、心肺機能を向上させ、生活習慣病（糖尿病、高血圧、脳卒中など、爺《じじい》の疾病）の予防になり、骨の強化にもつながる。肥満、肩こり、ストレスの解消にも役立つ。いいことずくめなのだそうです。たいして面白い話ではありませんでしたが、一つだけ目からウロコが落ちました。

それは「ふくらはぎは人間にしかない」という話。

犬や猫、ましてや猿にもないとは驚きました。それだけ人間にとって大切なもので、筋肉のポンプ機能により、心臓の負担を軽くするのだそうです。私はもともと、この「ふくらはぎ」という言葉の響きが大好きでした。フクラハギとカタカナで書くと、どうしてもカワハギやモンガラハギのような魚の仲間を連想します。ふくらはぎ、もみあげ、ほっぺたという言葉には愛着があります。そんなことを考えていると、話の内容は全く頭に入ってこなくなります。これが私の悪い癖で、人の話を聞いているうちに、自分だけの世界に入り込んでしまうのです。それでもウォーキングによって、肥満、肩こり、ストレスが解消されるという話は、かろうじて頭に入れることができました。

講義のあとはいよいよ実践です。

十数名のうち、4分の3以上が女性でした。私はストレッチで体をほぐしている時点でかなりバテてしまいましたが、1人だけ抜けるわけにもいかず、講師に言われるがままに体を動かしました。それが終わると、水分補給をうながされ、その後まずは教室の中を自由に歩きます。

次は背筋を伸ばして、お腹を正面に向け、教室の中を行ったり来たり。ひとしきり歩いたあとは、体の中心を見つけるという作業に入ります。2人で1組になり、即席のパートナーに、手で頭のてっぺんを前後左右に均等に切るような仕草をしてもらい、その交差した場所をよく覚えておきます。そこから垂直に下ろした線が体の中心軸。つまり、頭に描いたバッテンの真下が体の中心で、そこに意識を集中して歩きなさいということです(いやですね。私はそんなことを考えずにぼんやり歩きたい)。

歩くときは参加者全員が「せーの!」で一斉に歩き出します。

部屋の端まで行って、引き返すという単調な作業のくり返し。歩き方にも人それぞれ速い遅いがあります。私が自分のペースで歩いていると、必ずビリになります。皆、競走しているわけでもないのに、なぜそんなに速く歩くの? 狭い日本、そんなに急いで何処《どこ》に行く? 私には不思議でたまりませんでした。私は他の人と張り合う気にもなれず、半ば意地になって自分のペースでどんじりを歩き続けました。

ウォーキング教室は佳境に入り、全員が教室の中を往復します。私は中心軸を意識し、体をまっすぐに保ったまま、カカトから着地。足の裏側が前から見えるような角度で足を上げ、楽しいことを考えながら、いつもより速めに歩こうと心がけましたが、無理でした。体の中心を意識すれば、足の上げ方がわからなくなり、楽しいことを考えれば、足は遅くなる。思えば私は子どもの頃から2つのことを同時にできないタイプでした。私の頭の中は、まるで枕投げか何かが始まったように混乱し、Hさんの言葉は私の体を素通りしていきます。それでも私は言われたことをバラバラに実践しながら、必死に歩き続けました。

巨大な鏡に映る自分の姿はまるでゼンマイ仕掛けのオモチャのようでした。

動物園のレッサーパンダのように部屋の中を行ったり来たりしているうちに、終了の時間がやって来ました。

ようやく終わってホッとしたような、終わってしまって残念なような、疲れているのに不完全燃焼。モヤモヤした気分でマットに腰を下ろすと、体中からジワジワと汗が湧き上がってきます。こういう経験はめったにありません。気分は不完全燃焼でも、体内脂肪は燃焼しているようで、とても嬉しくなってきます。「では、最後に」とHさんが言います。「足をマッサージしましょう。時間がないので片足だけやってみましょう。もう一方の足は家に帰ってから」。それはないでしょう！　体がものすごくギクシャクするのではないでしょうか。私は「そんな中途半端なことはやめてください！」と心の中で叫びましたが、そんな声なき声が講師の耳に届くわけもなく、マッサージが始まりました。足の指と指の間を広げ足の裏の先端から3分の1の部分を叩き、ふくらはぎを揉む等々……。

マッサージが終わると、Hさんが「はい、それでは、マットに仰向けになってその足を軽く上げてください」と言い、全員が素直に足をすっと上げます。「では、マッサージをしていないほうの足を上げてください」。はい、はいと心の中でつぶやき、左足を上げようとすると、なんと上がらないのです！　会場にも妙なざわめきが起こっています。右足と同じくらい力を入れただけでは全く動きません。よっこらしょっと力を込めて、ようやくなのです。この日、2回目の目からウロコでした。そういうオチだったのか。わざと片足しかやらなかったに違いない。私はマッサージの効力をまざまざと見せつけられました。

使ったマットをタオルで拭き、所定の位置に戻し、生まれて初めての体を張った体験入学が終了。帰り際に、教室の年内のスケジュールを渡され、そこには「☆初めての参加日から1年間参加できます！　原則第4（火）午後2時~開」とあります。「午後2時~開」の意味がわかりませんが、2時から始まることは間違いありません。

係の女性が「どうしますか。来月から参加しますか？」とストレートに尋ねます。特別に楽しくもないし、月に1回といえど、平日の昼下がりを押さえられるのはキツい。

第一、疲れる。でも、今回は本当に久しぶりにいい汗をかきました。はるか彼方に健康の2文字が見え隠れしています。会費も気になります。区報には確か無料と書いてあったような記憶がありましたが、まさか1年間通って全くタダということもないでしょう。

私が「会費はいくらでしたっけ？」と尋ねると、係の女性は「無料ですよ」と答えます。「何かウォーキングのために必要なものはありますか？」。タダほど恐いものはない。必要経費がどのくらいかかるか知っておきたい。「特にありません」という係員の答えを聞いて、私は反射的に「参加します！」と答えました。

これによって、私の歩き方は今後、変わっていくのでしょうか……？

そんなことを考えながら、私は文京区役所をあとにしました。今、教えてもらったことを実践しながら、ウォーキングで帰ろうと考えたものの、自転車で来ていたことに気づき、断念しました。さあ、実践は明日から！

「目からウロコのウォーキング教室」第1回目

私は10分ほど早めに教室に到着しました。すでに十数名の参加者が、マットの上で待機をしていましたが、女性ばかりでした。

この日の講師は前回の体験入学のときと同じ、健康運動指導士のHさん。お手伝いをしてくれるメンバーも全員が女性。居心地が良くありません。そこからさらにポッポッと人が集まり、約20名ほどにふくれ上がってきましたが、なんとすべてが女性。

〝1人でもいいから、早く男性よ来てくれ〟と願うも、Hさんの「これで全員が揃いましたね」の声。私が唖然《あぜん》として天を仰いでいると、Hさんは「今日は男性が1人だけですね」と笑みを浮かべている。笑いごとではないのです。「普段は男性の方もいらっしゃるんですけどね」。気休めにも何にもなりません。私は女性は大好きですが、女性の大群は苦手です。ましてやザッと見渡した限り大半が私と同世代。カメレオンのように保護色になって存在感を消し、皆の中に自然に溶け込みたいと心から思いました。

私がそんな気分であることも知らずに、Hさんは「これから1年、このメンバーでウォーキングを続けるわけです。この秋から初めて参加する方も多いので、それぞれ自己紹介をしましょう」と言ってくれちゃったのです。

私のステルス作戦も一瞬で玉砕。ひとり一人が自己紹介を始めます。「私は歩くことが大好きで、1日に1万歩を目標に歩いています。もっともっと歩き方の勉強をしたいと思って、この教室に通うことにしました。秋山道子（仮名）と申します。どうぞよろしくお願いします」（拍手）。

皆、それぞれがウォーキング教室に通う理由や心構えなどを手短に話していきます。ついに私の番が回って来ました。「実は私は妻に、あなたは姿勢が悪いし、歩き方も変だから、ウォーキングの勉強をしなさいと言われて、こうしてやって来ました。それにしても、男性が私1人とは、なんだかとてもビビッています」と言ったところで、どっとウケてしまいました。特に面白いことを言ったわけではないのに、間が良かったのでしょうか、部屋全体に笑い声が響き渡りました。

これがステージだったら「してやったり！」の瞬間なのですが、ウォーキング教室ではただただ「まいったなァ」という気分。本来なら「私は今、アマゾネス軍団にたったた

1人で戦いを挑んだ戦士のような心境です」などとかぶせるところですが、「島と申します。よろしくお願いします」と短く締めくくりました。歩く前から汗が出ます。

この日のテーマは「肺・大腸の経絡を調整しながら動き、身体の中から元気に！」

ここでいう経絡とは、ツボとツボを結んだ線のこと。体のツボをひとつ一つ教わり、それらを結ぶ線を意識しながら歩くのですが、まずは例によって、準備運動から始めます。手足を動かしたり、屈伸をしたり……。10分くらいで終わるだろうと思っていましたが、10分経っても、20分経っても終わりません。30分以上経ってもまだ続いていて、さすがに苦しくなってきます。途中でやめてもいいのですが、20人の参加者の中のたった1人の男性が真っ先に脱落するのもみっともないので、必死に踏んばりました。なんだか気が遠くなってきます……。

ようやく終わった頃には「もうこんな教室やめてやる！」という気分になりましたが、例によって体が内側から温まり、体全体がかすかに汗ばんでいます。徐々に体に良いことをしたという満足感が湧き上がってきます。

人生の大半を映画を見るか、原稿を書いているだけで、動かすのは口先だけ、という生活をしている私にとっては、この時間はとてつもなく貴重だという気がします。

いよいよウォーキング。肺と大腸の経絡を意識しながらと言われても、なかなかピンと来ません。全員が一斉に歩き出すのですが、例によって、私が一番後ろを歩くことになります。いつもなら「ビリでいいもん」と開き直るのですが、20人のメンバーの中のたった1人の男性がビリというのもいかがなものか、という気がして、少し足を速めます。ところが少し速めたくらいでは誰も追い越すことができず、事態は何も変わりません。これではいけないと競歩に出場したような気分で、必死に速足で歩きます。ようやくどんじりから抜けだし、後ろから3番目くらいの位置に付けることができました。あとはこれをキープするだけです。

講師のHさんは元気印の体育会系ですが、意外に文学的なムードを大切にする人で、歩き方も大切だが、そのときの気分がもっと大切なのだと力説します。

つまり、楽しいことを考えながら、ウキウキとした気分で歩きなさいと。

皆が歩いていると、「さあ、さわやかな秋の風があなたの背中を押しています」などと声をかけてくれます。さらに「背骨が伸びてきました。そこにはキレイな水が流れています。誰かが力を貸してくれていますよ。何かに引っ張られて、自然と体が前に出て行きます。無理に力なんか入れなくても、どんどんどんどん前に進んで行きます」。私はHさんのその声を聞きながら、少しずついい気分になり、植木等の「今日もやるぞやりぬくぞ」という歌を思い出してました。

♪今日もやるぞ　やりぬくぞ　ソレ！
売り上げグングングン増えてゆき
顔がバンバンバンバン広くなり
金がジャカスカジャカスカ入ります
靴がドンドンドンドン減ってゆく
「アレ？」

青島幸男元東京都知事も変な歌詞を書いたものです。
ウォーキングの最中に、私はまた余計なことを考えてしまいました。19人の女性と1

人の男性は水分を補給しながら、速歩きとゆっくり歩きをくり返します。

少し息が上がるくらいのペースで歩いたあとは、呼吸を整えてリフレッシュをする気分で、前屈みにならずに、足の裏を見せるように、靴が減っても歩き続けます。

平均すると10分で1000歩。1日の目標は8000歩。歩幅は大きく、足を高く上げて歩く。Hさんは何よりも続けることが大事と訴えます。ただし無理をしないこと、と付け加えるのも忘れません。

この日は目からウロコ・パート3はなく、ただただたくさんの女性と歩いたことばかりが印象に残る1時間30分でした。確かにいい汗はかきましたが、月に一度だけで効果はあるのでしょうか……まあ、やらないよりはいいことは間違いないのですが。

実践（街を歩く）

たった2回ですが、ウォーキング教室に参加して、歩き方の基本はわかったつもりです。体の中心を意識しながら、楽しいことを考えながら、正しい姿勢で、大きく腕を振って、歩幅を広く、スタスタと歩く。頭ではわかっていてもなかなかその通りにはいきません。常にどちらかの手にはバッグを抱えているので、思うように腕は振れません。リュックは、小物や書類などの出し入れが面倒なので、使いたくありません。

歩くには歩くなりの目的があります。私の場合、コンビニ、銀行、レストランと、どこに行くのも買いもの、お金の引き出し、食事などのためで、歩くために歩くという経験はありませんでした。

歩きはじめは「今日はいい天気だ。秋の風が私の体を押してくれる。何かいいことが起こりそうな予感がする」などとポジティブなことを考えているのですが、次第に別のことを考え始めてしまいます。

「週刊誌を買いたいけど、どこにしよう? Tカードを持っているからファミマにしよう。いや、ファミマに行くには信号を渡らなければならない。Tカードにポイントがつくといっても、わずか400円の週刊誌じゃ2ポイント。たった2円のためにわざわざ信号を渡って、道路の向こう側に行く必要があるのか? この先の本屋でいいだろう。第一、本は本屋で買うものだ。いや、本当にそうだろうか? たかが2円、されど2円、

2円を笑うものは2円に泣く。そんな日がいつかやって来るかもしれない」

週刊誌1冊を買うのにこの始末です。

さらに銀行にお金を下ろしに行くときなどは、もう大変で、「必要なギリギリの額か、少し余裕を持つか。いや、それ以前に通帳にどれだけお金が入っているのだろうか」と心が千々に乱れ、スタスタ歩きがいつのまにかダラダラ歩きへと変わっているのです。

元来、私はダラダラ歩きが好きな人間で、座右の銘は「ぬるま湯」です。

ゆるゆるなライフスタイルで私は60代の後半まで大病一つせず生き長らえてきたけど、そんなことではいつかひどいシッペ返しが来るかもしれない。姿勢だって悪い。体がねじれている。それは直すに越したことはない。いや、今日まで元気なのは、何も難しいことは考えず、大きなストレスを抱えなかったおかげではないのか。巻き貝を見よ！　サザエやデンデン虫は思いっきりねじれながら、それが当たり前の正しい姿として、太古の昔から生きているじゃないか！　いや、そんな考え方にこそ落とし穴が……。

心は乱れ、体は疲れ、考えは決してまとまりません。果たして私はどんなふうに歩くべきなのでしょうか。私のウォーキングライフは始まったばかりです。

紅茶教室

男性が1人だけの紅茶教室に入る

私はコーヒーを飲みません。家でもカフェでも紅茶を飲んでます。最低でも毎日3杯は飲むほど好きなのです。ダージリンやアッサムをストレートで、またはレモンティーで飲み、ピーチ、オレンジ、マンゴーなどのフレーバーティーも好物です。男性には珍しいと言われますし、「あなたのイメージと違う」とも言われます。コーヒーをブラックで飲む人に見えるようですがとんでもない。コーヒーより紅茶のほうがずっと美味しいと常々思っています。ところが、そこそこの値段の茶葉を買ってるのに、家で淹《い》れると専門店で飲むほど美味しくない。これは淹れ方に問題があるはず。そこで紅茶の淹れ方を本格的に習う気になったのです。

ネットで探したら、池袋の東武カルチュアスクールに「楽しい紅茶教室」という講座があるのを見つけました。案内にはこうあります。

「紅茶の基礎知識はもとより、四季折々にぴったりの演出やレシピをご紹介。また、毎回ティータイムがありますので、様々な紅茶をお楽しみいただけます」

「これだ！」と思いました。講師は日本紅茶協会認定ティーインストラクターの大嶋雅子先生。こういう専門家が教えてくれる教室を探していたのです。地下鉄副都心線の池袋駅改札から歩いて2分という極めて便利なスクールへ申し込みに行きました。月に一度の講習で3ヵ月のコース、料金は教材費込みで1万3500円ですから1回4500円ということになります。紅茶好きとしては全く高いと思いません。

事務局でもらったカリキュラムには、「英国紅茶文化とお茶の楽しみ方」、「美味しい紅茶の淹れ方と季節のレシピ」、「紅茶の産地別特徴とお菓子のマッチング」とあります。読んだだけで胸がときめくではありませんか。

今のところ受講者は何人いるのか尋ねたところ、私を入れて10人で、男性は私1人と言うではありませんか。ちょっぴり恥ずかしい気持ちもありますが、男ばかりよりはいい。そのことを島君に話したら、「女性だけの中に男1人って、結構大変だよ」と言われました。彼には大変だった経験があるのでしょう。しかし、大変だと思うか、楽しそうだと思うかは当人の気持ち次第です。私は「楽しそう」と思うことにしました。

初めての講習の当日。女性ばかりの教室とあって、印象を良くしたいと、いつもよりお洒落《しゃれ》して出かけました。ベージュのコーデュロイスーツ、赤と茶のストライプのシャツに紅色のアスコットタイというスタイルです。私のトレードマークともいうべきソフト帽はベージュのボルサリーノ。本書の帯に載っている写真がその装いです。

教室に入ると、インストラクターの大嶋雅子先生が、「吉川さんですね」と迎えてくれました。40代の好感度抜群の講師です。私は昔から女性運が良いほうですが、今回の習い事でも、俳句、ボーカルレッスン、紅茶と、女性の先生に恵まれました。

大嶋先生は男性の受講生が入ると聞いて、どんな人か興味を持っていたようで、私を見て「ダンディですね」と言ってくれました。お洒落してきてよかった。

奥のキッチンで2人の受講生が紅茶を淹れているのは、当番制で淹れるウエルカムティーだとか。そのうち受講生が集まってきました。40代から60代までの女性ばかりが

9人。平日の午後、紅茶教室に通うなんて方々はたぶん既婚者で専業主婦、しかも経済的にも精神的にも余裕のある生活を送っているマダムに違いない、と勝手に拝察しました。その中に爺が1人混じったのですから、場違いな感じは否めません。ちょっぴり疎外感を味わいながらテーブルに着きました。

　大好きなダージリンのウエルカムティーとお茶うけのクッキーが配られ、それをいただきながら先生が「自己紹介を」と言います。皆さんのご挨拶を伺っていると、以前から受講している方がほとんどで、新参者は私ともう1人だけでした。皆さん紅茶が大好きなんだけど、うまく淹れることができないので習っているという方ばかりで、私と同じ動機でした。私の番が回ってきました。

「吉川潮と申します。僕はコーヒーが飲めなくて、毎日紅茶ばかり飲んでます。上手に淹れられるようになりたくて参加しました」

　俳句教室のときと同様、余計なことは言わず簡単な挨拶だけにしました。鋭い眼光は消して、微笑みを浮かべ、精一杯愛想良く。

　講習開始の前に、先生からいただいた「紅茶の効用」とある刷り物から、いかに紅茶が体に良い飲み物かを転載しておきましょう。

紅茶の成分の3大柱は、カテキン、カフェイン、ビタミン類で、それぞれに多くの効用があります。カテキンは血中コレステロールを減少させ、動脈硬化などの生活習慣病を予防するし、がん細胞の増殖を抑制するという研究結果報告があるとか。

カフェインには疲労回復の効果があり、大脳の中枢神経を刺激し思考力のアップに役立ちます。コーヒーのカフェインが「元気が出るカフェイン」と言われるのに対し、紅茶は「癒しのカフェイン」と言われ、紅茶愛好家の自殺率が低いという統計が出ているというのを初めて知りました。また、「美容のビタミン」と言われるビタミンB群と「若返りのビタミン」と言われるビタミンEも含まれています。飲めば体に良いことばかりであるのがわかっていただけたでしょうか。

さあ、いよいよ実践です。先生は自ら紅茶を淹れながら、美味しく淹れるための5つの心得を説明してくれました。英国では「THE FIVE GOLDEN RULES」と呼ばれるとか。左記の通りです。

①新鮮で良質な茶葉を使う。
②ティーポットを温める。
③茶葉の分量を正確に量る。
④沸騰したての熱湯を使う。
⑤茶葉を蒸らす間、ゆっくり待つ。

まず、水道水をやかんに入れたのが意外でした。私は水道水がカルキ臭いからと、市販のペットボトルの水を使っています。先生に尋ねると、日本の水道水は一般的に軟水なので、空気をたっぷり含ませて沸かせばいいのだと教えてくれました。「そうか、水道水でいいのか」とガッテンしました。「ジャンピング」と言われる、ポットの中で茶葉が回る状態にするためには、水に空気を含ませることが必要だとか。早速いい勉強になりました。5円玉ぐらいの泡がボコボコ出ている状態まで沸騰させます。その間にポットを温めておきます。冷たいポットに沸かした湯を注ぐと、湯の温度が5度くらい下がるので湯通ししておくのです。

茶葉の量は葉の種類によって違います。ダージリンやアッサムのような大きめの茶葉は「リーフブレードタイプ」と言われ、ティースプーン大山1杯、3グラムをカップ1杯分として杯数だけ入れる。ウヴァやヌワラエリアみたいに細かい茶葉は「ブロークンタイプ」と言われ、ティースプーン中山1杯、2・5グラムが適量です。茶葉によって量が違うことくらいは私も知っていましたが、正確な量まではわからなかった。目分量であっても、インストラクターは訓練により、スプーンに乗せただけで適量がわかるとか。専門家はすごいですね。

温めたポットに適量の茶葉を入れて、沸騰したお湯をポットに注ぐのですが、このとき、ポットのほうをやかんに近づけて手早く注ぐのがコツ。ちょっとでもお湯の温度を下げないための気遣いです。今回先生が淹れたのは、スリランカ産のディンブラという名の茶葉でした。ブロークンタイプなので抽出時間は2分半。ちなみに、リーフブレードタイプは3分です。タイマーをセットして蒸らす間に先生が言います。

「時間まで蒸らすのを待つのが大事です。せっかちはダメ。待つ心のゆとりが味に出ます」

先生が言うことは茶道に通じますな。私などはせっかちな性分なので、タイマーを使わず2分たたないうちに出してしまうことがある。これからはきちんとタイマーをセットしようと思いました。先生は「美味しくなあれ、美味しくなあれ」と呪文のように唱えながら待つのだとか。そういう気持ちが大切なのですね。

先生がルールに則って淹れた紅茶は実に香り高い。紅茶好きは飲む前に香りを楽しみます。カップを鼻に近づけて匂いを嗅ぐ。湯気と共に嗅覚を刺激します。それから一口含んで味わう。なんと深みのある味でしょう。スリランカの紅茶がこんなに美味しいとは。これも淹れ方一つなのでしょうか。

飲んでいる間に、先生から「吉川さんのお好みの紅茶はなんですか？」と訊かれました。

「以前は銀座の〈マリアージュフレール〉という専門店で買っていたのですが、毎日飲むにはちょっとお高いので、近頃は東武百貨店にある〈アフタヌーンティー・リビング〉でダージリンと、フレーバーティーが好きなのでピーチティーとかマスカットティーを買ってます」

そう答えると、先生は「本当にお好きなんですね」と感心し、同じテーブルのマダムたちには「お洒落！」と言われました。女性に「お洒落！」と言われるのはとっても嬉しいものです。自分の作品を褒められるよりもね。私が本当の紅茶好きで、紅茶の淹れ方を勉強したくて来ているのがわかったようで、皆さんの私を見る目が好意的になったような気がします（ただの思い込みかもしれませんけど）。

最後は手作りのスイーツを紅茶と共にいただきながらおしゃべりを楽しむティータイムです。本日のスイーツは「栗のカップデザート」で、材料は栗の甘露煮、カステラ、生クリーム。カステラを小さく切ったり、栗を細かく砕くなどの下ごしらえは先生がしてくれます。それを受講生が自分の分をカップに入れて仕上げをします。私の分は先生が仕上げてくれました。男性ということで特別サービスです。

カップに生クリーム↓カステラ↓栗↓生クリーム↓カステラ↓生クリームの層を作り、最後に生クリームの上に栗を1個乗せ、小さなチョコレートの棒を飾って出来上がり。なんとも見た目に可愛いデザートカップです。これを先生が淹れたミルクティーと共にいただきました。そのスイーツとミルクティーがよく合って美味しい。甘党の爺にはたまりません。初対面のマダムたちとは、まだ打ち解けることができず、おしゃべりをしながら賞味することはできませんでしたが、それでも楽しい時間でした。なんだか新しい世界が開けたような気さえします。70近くになってこんな楽しみを知るとは。習い事の良さはそこにあるのですね。

帰宅すると、早速家にあるダージリンの茶葉を使い、例の「THE FIVE GOLDEN RULES」通りに淹れてみました。茶葉はちゃんとジャンピングしてました。なんとなく昨日淹れたのより美味しい感じがします。これが、明らかに美味しいとわかるようになったら、受講の成果だと言えるでしょう。

ミルクティーの奥の深さに驚きつつ、マダムたちとのおしゃべりを楽しむ

今回も当番の2人が淹れたウエルカムティー、ダージリンをストレートでいただいたあと、講習開始です。大嶋先生はホーローの鍋に水道水を入れて沸かします。カップ4杯分のミルクティーだと、2杯分の沸騰したお湯にティースプーン5杯の茶葉を鍋に入

れる。リーフブレードタイプのアッサムなので多めに使います。火を止めてから3分間じっくり蒸らすのが肝要とか。そして、再び火にかけ、カップ2杯分の牛乳を加える。お湯と牛乳の割合が5対5になるわけですが、牛乳が好きな方は牛乳が6割、または7割でもよろしいとか。私はそれほど牛乳が好きじゃないので、5対5で十分です。

先生が「近寄って見てください」と言うのでキッチンに行き、沸騰する鍋の中を覗き込みました。鍋肌に細かい泡がふつふつと現れてきて、真ん中にフワッと盛り上がったところで火を止めます。このタイミングが大事と言います。茶漉《ちゃこ》しを使ってガラス製のポット（もちろん温めておく）に注ぐと、薄いベージュの見た目に美しいミルクティーが出来上がりました。4杯分を10人で分けるのでカップ半分もありませんが、砂糖をスプーン1杯入れてから、ひと口飲んだら、その美味しさに驚きました。とっても優しい味なのです。

実は私、ストレートかレモンティーで飲むのが常で、お店でもミルクティーを注文することはめったにありません。それがカップ半分飲んだだけで好きになりました。先生が淹れたから美味しいのでしょうが、自分で淹れられるようになったら、家でも飲めるわけです。帰宅したら早速やってみようと思いました。

次に先生が淹れたのはマサラチャイ。インド式ミルクティーです。沸騰したカップ4杯分のお湯に、ケニア産の茶葉5杯を入れスパイスを加える。そのスパイスとは、シナモンスティックを砕いたもの、カルダモンを8粒、クローブ（日本でいう丁子）を4個、さらに生姜のスライスを5枚入れました。部屋中にスパイシーな香りが漂います。

以前インド料理店に行ったときに、紅茶はマサラチャイしかなかったので一度だけ飲んだことがありますが、こんなにスパイスが入っていたとは。ミルクを加えて沸騰させ出来上がったのは、濃いベージュの見るからに濃厚なミルクティーでした。

飲んでみると、スパイシーな香りがミルクとマッチして美味しい。ただし、私の好みはさっきのアッサムのミルクティーです。同じテーブルのマダム3人と感想を述べながらいただきました。2回目とあって、顔と名前を覚えたので気軽におしゃべりできます。同じことを習っている者同士の連帯感、とでも言うのでしょうか。

さあ、最後のお楽しみ、ティータイムに出てきたスイーツはシナモンタルトでした。今回は手作りではなく、先生がデパートで買ってきたもので、3種類の味の中から私が選んだのはフランボワーズ味。「お前はマダムか！」と、心の中で自分にツッコミを入れながらマダムたちと共にいただきました。再度先生がアッサムのミルクティーを淹れてくれ、一緒にいただいたのですが、女性に囲まれていると華やいだ気分になります。女性が多い習い事の良いところです。

帰宅後、鍋を使ってミルクティーを淹れてみました。教わった通りに2杯分淹れたのですが、飲んでみると美味しいには美味しいけれどなぜか味気ない。きっと、家人はコーヒー党で紅茶を飲まないので、1人で飲んだからです。教室で飲んだのが美味しかったのは、先生が淹れたからだけでなく、マダムの皆さんと一緒にいただいたからでしょう。そう思い知りました。

紅茶のクリスマスレシピを見学する

大嶋先生がイベント会場でクリスマスに合う紅茶を淹れるデモンストレーションを行うというので見学に出かけました。

会場は銀座の「フラワーネット」という場所で、ビルの1階のワンフロアほとんどを使ったスペースには、所狭しとフラワーアレンジメントが並んでいます。フラワーネットで学んだ生徒さんの作品のようで、どれも洒落たアレンジメントで目の保養になりました。大嶋先生のデモンストレーションはこの会場の一角で開催されます。始まる時間には20人近くの人が集まっていました。

最初はリンゴジュースを加えたオーチャードティー。茶葉は南インド産のニルギリを使います。講習で習った5つのルールに則って淹れていきます。リンゴジュースは透明のタイプを用い、紅茶がぬるくならないように温めておくのがコツとか。カップを温めることにしても、とにかく紅茶を冷めないようにすることが大事なのですね。出来上がったオーチャードティーはリンゴの香りと甘酸っぱい味が口に広がり大変美味でした。小さな紙コップで皆さんに配られたのですが、美味しいのでお代わりしてしまいました。

もう1種類はクリスマスティー。同じくニルギリに果汁100パーセントのオレンジジュースを加えたフレーバーティーです。ポイントは最後にオレンジのスライスを入れること。さらにそのオレンジにはクローブ（マサラチャイのときに使った丁子）がプラスチックの楊枝で刺してある。飲んでみると、オレンジの甘さとクローブのスパイシーな香りが溶け合って絶妙な味でした。

「これはクリスマスにピッタリですね」

先生にそう言われると、なんとなく合ってるような気がします。これも美味しかったのでお代わりしました。タダで美味しい紅茶を飲める、紅茶好きにはたまらないイベントでした。先生の解説はわかりやすく、見学の方々はレシピを教わって満足げに帰って行きました。私は帰りに紅茶の専門店、〈マリアージュフレール〉に寄り、大好きな「ボレロ」という名前のフレーバーティーを飲みました。暇な爺のお洒落な午後のひとときです。

アフタヌーンティーの課外授業もまた楽し

3回目の講習はホテルでアフタヌーンティーをいただく課外授業です。出向いたのは東京駅八重洲口から歩いて5分ほどのフォーシーズンズホテル丸の内東京7階にあるレストランバー、〈MOTIF〉。開始時間が14時半で5分前に着いたら、大嶋先生をはじめ皆さんお揃いでした。課外授業は別料金5000円かかるので希望者のみ参加。私以外の6人は、5000円の会費など「お安いわ」と言いそうなリッチなマダムとお見受けします。場所が一流ホテルとあって、皆さんいつもの講習のときよりお洒落をして華やかです。係の人が来て席に案内され、4人掛けのテーブル2卓に座りました。親しい4人のグループで1卓、私は先生と並んで座り、向かいの席は40代と50代の上品なマダムです。爺としては女性3人と同席するだけでも嬉しい。そんなこと、めったにありませんから。

まずはウエルカムティーとして、レモンスライスを浮かべたマスカット味のアイスティーが供されました。いきなりアイスティーとは意表を突かれました。でも、冬とはいえ暖房が効いてますし、駅から歩いて喉が渇いてたから、冷たい紅茶がありがたい。しかも味は文句無し。いい出だしです。

続いて出たのがホットのダージリンティー。これをいただきながらアフタヌーンティーの歴史的背景を先生が話してくれました。

アフタヌーンティーは19世紀半ばに英国の貴族、ベッドフォード公爵の夫人、アンナ・マリアが始めたとされています。当時は昼食は軽めで、しかも夕食までの間が長く、夕食は8時か9時。昼食と夕食の間に、あまりの空腹に耐えかねた夫人が午後5時頃、紅茶と共に軽食を取ったのが始まりとか。早い話が「間食」ですね。これが貴族や上流階級の間で広まり、社交を目的とする主婦（女主人）が主催する午後のお茶会という習慣に発展したわけです。ヴィクトリア女王時代に完成した紅茶文化なので、「ヴィクトリア・ティー」とも呼ばれていました。近年はたいてい午後4時頃から始まり、「最も優雅で豪華なお茶の時間」と言われています。

私は10年ほど前、一度だけ一流ホテルでアフタヌーンティーをいただいたことがありますが、サンドイッチ、スコーン、数種類のケーキがアフタヌーンティー専用のスタンドに乗せて供されました。確か当時でも料金は3600円にサービス料と消費税でしたから、4000円を超えました。現在、5000円なのは当然で、これを高いと思われる諸兄には、「ごめんなさい」と謝るしかありません。酒飲みは居酒屋で飲んでも5000円くらい使うでしょう。それと比べたら、マダム7人と一緒にいただくのですから、爺の贅沢としては安いと思うのですが。

さて、イギリスでアフタヌーンティーに出されるサンドイッチといえばキュウリサンドです。日本だとハム、卵、チーズとバラエティーに富んでいます。なぜイギリスはキュウリなのかと先生に尋ねてみました。

「当時の貴族は自分の畑で使用人にキュウリを作らせてましたから、〝うちで獲れたばかりの新鮮なキュウリを使ってますよ〟ということなんでしょう」

なるほど。そういうことだったのですね（※編注＝19世紀のイギリスでキュウリは超高級食材でした）。

この店の食べ物はスタンドに乗っていっぺんに出るのでなく、一品ずつ供されます。コース料理のシステムですね。最初に出たプレートは、オードブル盛り合わせと特製ミニ・ハンバーガーでした。アンチョビのクレープ巻き、茹でた大根の上にフォアグラを乗せたオードブルも美味しかったけれど、ハンバーガーが上質の牛肉のミンチをレアで焼いたパテにベーコンが乗った特製で美味でした。ダージリンティーと一緒にいただくので脂っぽさが気になりません。

食べ終えたとき、大嶋先生に私の仕事を訊かれました。先生だけでなくマダムたちも、男なのに紅茶好きの爺は「いったい何をしている人なのか」と興味があったようなのです。隠す必要もないので正直に、「作家です」と答えました。こんなこともあろうかと、バッグの中に『芸人という生きもの』（新潮選書）という著作を入れてきたので、それを見せて正体を明かしました。皆さんはその本を回して、著者の写真と私を見比べ納得しているようでした。先生は、私のことを「会社の役員をなさっててリタイアした方」だと思ってたようです。そういえば最初の講習のとき、先生に「吉川さんはイギリスに住んでいたことがあるんですか」と訊かれたのを思い出します。ロンドン支社に赴任していたときに紅茶にハマったと想像したのでしょうが、滅相もない。私は一度も会社勤めをしたことがないフリーターです。

さて、アフタヌーンティーはこれからが本番。スイーツが出る前にそれぞれが好みの紅茶をオーダーします。20種類以上ある中から、フレーバーティー好きの私はオレンジティーを頼みました。紅茶と共に運ばれてきたスイーツのスタンドには、なんと5種類の洋菓子が乗っています。ハーフサイズのチョコレートケーキ、洋梨のタルト、シュークリーム、フランボワーズ味のメレンゲを添えたクッキー、そしてミニチョコレートです。酒飲みの爺はげんなりするでしょうが、私のような甘党の爺は見ているだけで嬉しくなるケーキのオールスターです。

どのスイーツも美味しい。甘味をオレンジティーの酸味が緩和してくれます。我ながらナイスチョイスでした。食べながら同じテーブルのマダムたちとおしゃべりしました。話題は飲食店の情報交換と旅行の話。私は『爺の暇つぶし』でランチが美味しい店の情報を、『爺は旅で若返る』（牧野出版）という著書で旅の話を書いてます。どちらの話題にも詳しいので話が弾みました。

さすがにスイーツ5種類は食べられず、クッキーとチョコレートは残してしまいました。というのも、最後にアフタヌーンティーの定番メニュー、スコーンが出るからです。スコーンは2つに割って、添えられているいちごジャムをつけ、その上に「クロテッドクリーム」というバターと生クリームの中間みたいなものをつけて食べるのがよろしいと先生が教えてくださいました。確かにジャムとの相性が良いクリームでスコーンを引き立てます。これでもうお腹いっぱい。締めの紅茶には、口の中をさっぱりさせようと、中国茶のジャスミンティーをオーダーしました。

2時半に始まったお茶会は5時に終了。女性だけに囲まれた会食は生まれて初めてで、楽しい時間であり、かつ良い体験でした。最後に記念写真を撮り、先生がメールで送ってくれたのを見たら、女子校のOG会に出席した教師と卒業生の集合写真みたいでした。ホテルからの帰り道、紅茶教室を選んで良かったとつくづく思いました。ウォーキングなんかやっている島君がさぞかし羨ましがることでしょう。ただ歩くより、こっちのほうがずっと楽しいですもの。

3ヵ月の講習なので今回が最後になりますが、せっかく皆さんとお近づきになれたのに、ここでやめるのは心残りなので、もう3ヵ月延長することにしました。俳句同様、あくまでも自分の趣味として続けたいと思います。

世の爺たちよ。世の中には楽しい習い事がたくさんあります。普段お付き合いすることがない女性たちと知り合うこともできます。私は紅茶でしたが、自分の趣味にマッチして、しかも女性が多く参加しそうな習い事を選んで入会してみたらいかがでしょう。私同様、女性運に恵まれることを祈っています。

Step⑤ 冗談半分で始めた手習いの巻

どじょうすくい教室

ウクレレ講座

どじょうすくい教室

1匹目のどじょうすくい

どじょうすくいであります。

手元の資料には「安来節《やすきぶし》どじょうすくい踊り教室」とあり、「ユーモラスな、どじょうすくい踊りで人気者！」というキャッチコピーが添えられています。

別にどじょうすくいを踊りたいとか、人気者になりたいという願望はないのですが、これを無視するわけにはいきません。この体験を本にするという話も持ち上がってきたので、はがき絵や俳句のような定番の手習いはもちろんですが、それ以外に、何か爺《じじい》があまり手を出さないユニークなジャンルはないものか、と模索していたからです。

靴みがき、野草を食べる、腹話術なども候補の一つでしたが、靴みがきは地味、野草と腹話術はあまり現実的ではありません。

吉川さんと編集の原田英子さんとの食事会の席で、私がどじょうすくいの名前を出したとき、２人は「それはいい！」と口を揃えました。おそらく、通常はタキシードを着て、少々気取って横文字系のコンサートの司会をしている私が、野良着で鼻に5円玉を付けて踊っている姿を想像して、バカウケしてしまったようです。確かにどじょうすくいのビジュアルのインパクトは他の追随を許しません。

場所は文京区の湯島（近い！）で、入会金５０００円。会費1日２０００円（お手頃！）。会場は「湯島らーめん」の２階（シブい！）。私は２人の期待に応えるべく、すぐに入会の手続きを取ったのです。

この教室は毎月、第1と第3土曜日の14時から17時まで実施されます。これは合唱の教室とどんかぶりで、いずれどちらかに絞らなければならないと感じていました。

代表者は安来節保存会一宇川《いちうがわ》流師範・一宇川皓司《こうじ》。どじょうすくいにしてはなかなか物々しい肩書きです。

我が家から自転車で30分。少々迷いながらも目指す湯島らーめんを発見。この日の私

は、午後1時にラーメンを食べ、2時～5時のレッスンを受けるという予定を立ててい
たのですが、湯島らーめんがお休みのため、計画は早くも頓挫。別の店で食事を済ませ、
会場へ向かいました。会場といってもそこは「オリーブ」という名前のカラオケスナッ
クで、4人の女性と2人の男性が身支度を整えています。

何人かはすでに踊り始めています。男性のうちの1人は師範の一宇川先生でした。ほとん
どじょうすくいは男踊りであるにもかかわらず、ここでも生徒さんは女性ばかり。手
習いの世界は常に女性に占拠されているようです。

私は用意されたノートに名前、住所、電話番号を書き込み、封筒に入会金、会費を入
れ、カウンターの上の箱に納めました。

今日が初めてということで、先生が手ぬぐい、鼻当て、ザル、腰カゴ（びく）を貸し
てくれます。すると、ほっかむりと鼻当てのよく似合う小柄な初老の女性が、これらの
装着方法を教えてくれます。いかにも下町育ちというイメージの、気さくで陽気なおば
ちゃんで、私はこの女性を心の中で「湯島の小梅ねえさん」と呼ぶことにしました。

まず鼻当てを付けるのですが、これはマスクと同じで、ヒモ（テグス）を耳にかけれ

ばいいだけなので簡単です。鼻当ては5円玉でできていると思い込んでいましたが、実際は一文銭でした。本物の古銭を使っています。

それにしても、なぜこんなものを付けるのでしょう？

ほっかむりは左の耳を隠し、右の耳を出し、左耳の下で縛るという決まりがあるそうです。

早くも着替えを済ませ、音楽に合わせて熱心に踊っているのは、目力《めぢから》の強い大柄な中年女性。私の世話を焼いていた小梅ねえさんが、今度はそちらで踊りの指導を始めます。一宇川流師範である先生はカウンターで資料などの整理をしています。

よく観察すると、踊りというよりパントマイムに近く、どじょうを捕まえて、カゴに入れる。ヒルが足に吸いつき、あわててむしり取るなどのどうでもいいようなストーリーを表現しているのです。これが案外、めんどくさいのです。

小梅ねえさんを含む4人の女性と1人の男性の稽古が終わると、私の順番。その頃には、一宇川先生が仮設の舞台の正面にデンと腰かけています。柔和な表情の中年の紳士です。私は「よろしくお願いします」と一礼をして、ザルを頭にかぶり、音楽「安来節どじょうすくい（踊り歌）」に合わせて、中腰で前屈みになり、お尻を上下に動かしながら歩き始めます。

おやじどこへ行く腰に籠下げて
前の小川へどじょう取りに
わしが生まれは浜佐陀《はまさだ》生まれ
朝まとうからどじょやどじょ
唄に千両の値ぶみがあれば
どじょうは万両の味がある

「初めに舞台を1周して、21歩のところで止まってください」という先生の声。
えっ、21歩？　どじょうすくいってそんなに細かいんですか？　これって宴会芸でしょ？　もっと自由なもんじゃないんですか？　たくさんの疑問が頭の中に湧き上がってきましたが、そんなことを尋ねられるわけもなく、黙って指示に従います。

「まずは音楽なしで、そこまでやってみましょう」

私は見よう見まねで、ザルを頭に乗せ、コサックダンスのように腕を組み、腰を振り、1歩、2歩、3歩と数えながら21歩で止まったときは、すでに息が上がっていました。〝たった21歩で〟と思うと大ショックでした。

諸悪の根源は中腰で、これが息切れと疲労と筋肉痛を呼ぶのです。

「そこで止まって。腰は下げたまま。頭のザルを両手で持つ。左手を上げて、お腹を切るような形で、左の腰に持っていく。もっと腰を下げて、ザルはもう少し高く」

なんとザルの持ち方、持つ位置まで決まっているのです。自由度ゼロの所作なのです。歩き方、腰の位置、ザルの持ち方、どれもうまくいきません。

「はい、そうしたら腰は下げたまま、左から右へゆっくりと、愛想笑いをしながら客席を見渡して……そう、その笑顔、なかなかいいですよ」

初めて褒められましたが、あまり嬉しくありません。〝てやんでい、こちとらあ、50年間もステージで愛想笑いをしてるんでい、スットコドッコイ！〟そんな気分です。

「ずっと見渡したら、最後に正面を向いてニーッと大きく笑って。4秒間」

えっ、4秒間って、そんなに細かいんですか……等々の疑問が持ち上がりますが、グッと飲み込みます。

「はい、そこまで、もう一度やってみましょう」

21歩で、目的の場所に辿り着くのも、頭のザルを両手に持つのも難しい。

「ザルを腰の脇へ持っていったらまずゆっくり客席を見て、少しずつ笑って、だんだん笑顔を大きくして……」

先生の声を聞いているうちに、得意の愛想笑いも引きつってきました。猛スピードで足腰に疲労が蓄積していきます。汗がじわじわと湧き出てきます。

このあとはザルを置いて腕まくり、足まくり、どじょうを見つけ再びザルを持ち、6歩歩く。6歩でなくてはいけません。ザルのさばき方などは先生の言葉を聞いても、よくわかりません。いや、全くわかりません。そんなときは、小梅ねえさんが私の隣にやって来て、親切に手本を示してくれます。

汗がしたたり、立っているのが精一杯。こんなに辛い作業はここ数十年で初めての経験です。そこに体重移動や片足で立つシーンも加わり、そのたびによろけてしまいます。

ようやく体勢を立て直して歩き始めると、先生は「腰は振るけど、頭のほうは動かさないように」と、笑顔で無理難題を吹っかけてきます。人間の体は下半身が動けば、上半身も動くように作られているのです。「ハイ！」と答えてチャレンジしたものの、できるわけがありません。疲れもピークに達し、ついに「ごめんなさい、無理です」と音《ね》を上げてしまいました。

生徒さんたちがドッと笑います。私のヒザも笑っています。先生は「まあ、今は仕方がない」と鷹揚《おうよう》です。先生だって、いつまでも私ばかりに時間を費やしてばかりはいられません。私にしても一刻も早くこの苦境から脱出したい。2人の思惑は一致し、ひと区切りがついたところで強制終了。甘やかされて育った体が悲鳴を上げています。「キツいです」。私の言葉に先生は穏やかな口調で「最初は誰でもそうです。普段使わない筋肉を使うから、筋肉が驚いているんです」と答えます。

筋肉を驚かしてはいけません。私はしばらくの間、スナックのソファーにへたり込んでしまいました。どじょうすくいというといかにもお気楽なイメージと、その内容との激しい落差に、私は戸惑いを隠せません。

どじょうすくいではなく、靴みがきにすればよかった。あれはあれでキツいかもしれませんが、少なくとも座ったままでできるのではないでしょうか……。

お茶の時間となりました。全員が車座になって雑談をしながら、お菓子やフルーツを食べるのです。ほっかむりと衣装はそのまま、鼻の一文銭はおでこに移動しています。

小梅ねえさんは長年社交ダンスを習っていたそうですが、一宇川先生のどじょうすくいを見て衝撃を受け、一気に路線を変更したそうです。最初から精力的に踊っていた女性はなんと函館から通っているそうです。北海道の函館ですよ。第1と第3の土曜日、朝は飛行機でやって来て、夜は7時の新幹線で帰っていくそうです。私はこの女性を心の中で「函館はるかさん」と呼ぶことに決めました。なんとディープなどじょうすくいの世界。私の思考力は深い泥水の中に沈み、もう何も考えることができません。

和気あいあいとしたお茶の時間が終わり、稽古の後半戦です。皆の稽古を見ていると、驚いたことに、上級者も初心者も誰もが同じ踊りをするのです。

音楽が鳴り始めた数秒後に歩き出し、3分半後にはすべてが終了。

アドリブは一切なし。どじょうは同じ時間に同じ場所に出現し、逃げていき、ヒルは同じところに吸いつくのです。

生徒さんたちが順番に踊っています。初めて間近で見るどじょうすくいですが、完成度の高い低いは見分けがつきます。やはり先生以外では小梅ねえさんがピカイチで、腰を振って歩いているときも、確かに肩はほとんど上下していません。川底にしっかりと足が着き、動きが安定しています。変な格好と妙な動きがサマになっているのです。自分も積極的に踊り、他の人に身をもってアドバイスしているのに、全く疲れた様子を見せません。おそらく私より年上だと思いますが、その若々しさには恐れ入ります。

実にカッコ悪い踊りと思っていたのですが、もしかしたら「カッコ悪い」もつきつめると「カッコいい」になるのかもしれないな、と思い始めました。私は小梅ねえさんの一挙手一投足を見て、初めてどじょうすくいと出会ったような気がしました。

私の番が回ってきましたが、この頃にはすでにすっかり戦意を喪失していたため、ほっかむりと鼻当てを外し、「私は初めてですので、今日はもう十分です。結構です」と辞退します。

すると、他のメンバーから「そう言わずに」とか「せっかく来たんだから」とか「もったいない」などの声が聞こえてきます。もったいないってことはないでしょう。

これが角界でいう「かわいがり」でしょうか……。

この言葉に逆らう気力もない私は、兄弟子たちに従い、再びどじょうすくいグッズに身を固め、戦地に赴くのでした。

2匹目のどじょうすくい

2回目の稽古です。

湯島らーめんの2階のスナックでは、私が少し早く着いたにもかかわらず、早くも函館はるかさんが熱心に踊っています。稽古をつけているのは小梅ねえさん。40代と目される整った顔立ちの女性がカウンターに入り、どじょうすくいルックで立ち働いています。私はこの人を「チーママ」と名付けました。

小柄で童顔の40代と思われる女性が、この回から初参加。笑顔がなかなかチャーミングで、何でまたよりによってどじょうすくいを、と思わずにいられません。私は彼女を

「場違いさん」と名付け、どじょうすくいを始めた理由を尋ねました。

彼女は質問の意図がわからないというような怪訝《けげん》な表情で「昔からやりたくて仕方がなかったんです」と当たり前のように答えますが、私は私で食い下がります。「でも、他にもジャズダンスとか社交ダンスとか、いくらでもあるのになぜですか？」「どじょうすくいがやりたかったんです」「その理由がわからないんですよ」「だって、笑ってもらえるじゃないですか」「笑ってもらいたいんですか」「どじょうすくいを見たら、誰でも笑うじゃないですか」「そうかなあ……」

どうしても話が噛み合いません。

「じゃあ、そちらは？」

場違いさんは、私に対して、なぜどじょうすくいを始めたのか、まっすぐな視線を投げかけてきます。本のネタにしようと思ってとか、冗談半分とはとても言えません。

「いや、なんとなくいいかなと思って」

嘘はついていませんが、本質から外れています。本当の場違いさんは私なのでしょう。

2人の心は通うことなく、時はジリジリと流れていきます。

私は場違いさんとの会話を打ち切り、それでも少し時間に余裕があったので、先生に「どじょうすくいは、なぜ鼻に一文銭をつけて踊るんですか?」と質問。

昔、出雲の国が飢饉《ききん》に襲われたとき、1人の百姓が殿様の畑から野菜を盗んで捕まり、処刑されることになりましたが、その男がどじょうすくいの名人と知り、殿様が男の鼻だけを切り落とし、命は助けたという民話が由来ということでした。

この他にも様々な説があるようです。

もう一つ気になっていることがありました。

「よく、どじょうすくいをする人が、鼻にマッチ棒を差し込んでいるじゃないですか。ここではそういうのはやらないんですか?」

「マッチ棒やタバコをはさんで踊る人もいますけど、私たちはやりません。あれは宴会芸ですから」

えーっ、あれは宴会芸って、どじょうすくいは元々宴会芸じゃないんですか?

私は自分の抱いた疑問をソフトな形で先生にぶつけてみました。いつのまにか我々の周りには全員が集まり、どじょうすくいは本来、古典芸能であるとの見解を示してくれました。〝鼻にマッチ棒をつっ込んでおちゃらけている連中と一緒にするな〟というスタンスです。

「テレビドラマでは綾瀬はるかが鼻に割り箸を入れてましたけどねえ」

先生は深くため息をつきます。

では、ここで、一宇川流のどじょうすくいの基本形をお伝えしましょう。一部、先の叙述と重複する部分もありますが、お許しください。

大きなザルを頭にかぶり、腕を前に出して組み、中腰になり、前傾姿勢を保ち、お尻を上下に振りながら、右足から歩き始め、21歩で舞台を一周する。

立ち上がり、ニヤニヤしながら客席の隅から隅まで見渡し、最後に大きく4秒笑う。

どじょうを見つけ、ザルを置き、腕まくり足まくり。

ザルを持ち、左足から6歩進み、足を使ってどじょうをザルに追い込む。

ザルを揺らし、回し、よいしょと持ち上げ、ゴミを3回捨てて、腰のカゴ（びく）にどじょうを入れ、大げさに3秒笑う。ザルをひっくり返し、ゴミを叩いて捨てると、泥が顔にはねる。泥をぬぐい、ニーッと笑う。

さらにどじょうを求めて6歩進み、どじょうをザルへかき入れる。ゴミを3回捨て、どじょうを腰カゴに入れるときに、間一髪の所で逃げられ……とまだまだ物語は続くのですが、このへんでやめておきます。

とにかくうんざりするほど細かいのです。秒単位でスケジュールは組まれ、決して自由気ままにどじょうをすくっているわけではないのです。

手習いを始めると、どんな爺にも新しい発見があるでしょう。私にもありました。その一つが自分でもうすうすわかっていたことなので、発見というより再確認に近いのですが、「言われたことができない」ということです。

昔からその傾向はありましたが、齢を取ってからますますひどくなってきたようです。考えてみれば、ステージで司会をするときも、台本通りに話すことができません。大筋からは外れず、似たようなことを言っているので大事には至りませんが、精魂を込めて書き上げた構成作家にはとても失礼なことをしていると思います。

それでもしゃべることに関しては、長い経験の積み重ねがあるので、なんとか帳尻を合わせることが可能ですが、合唱や料理や踊りではそういきません。誰からも何も習ったことのない弊害が顕著に現れています。

この致命的な欠点を今さら直せるとは思いませんが、このままでいいわけはありません。いずれは何か対策を講じなければならないでしょう。

私はそんなことを考えながらどじょうすくい教室をあとにしました。心のどこかで「手習いは手緩《ぬる》い」と高をくくっていた自分に腹が立ちます。音程だけでなく、考え方も甘かったようです。そのことに気づかせてくれた手習いに感謝でもあります。

3匹目、4匹目のどじょうすくい

どじょうすくいは続きます。

3回、4回と続けても、細かい振り付けは全く身に付きません。運動神経と記憶力に問題があるのです。どじょうをすくう前に自分をすくうほうが先決でしょう。

合唱、ウォーキング、料理の教室に、本業の司会や原稿書きと毎日が忙しく、予習や復習の時間も取れません。でも、これは怠け者の言い訳でしょう。忙しくてもやる人はやるのです。

お祭りやフェスティヴァルに出演するというようなことになって、お尻に火が点けば、本番までには自主練習の一つもするのでしょうが、地元のイベントに参加するつもりはありません。自分の踊りは人に見せるにはまだ早い、どうせならもっと完成度を高めてからにしたいという美意識と、参加費を払うのがいやだというセコい了見がその理由です。

舞台に立ってギャラをいただいている身としては、舞台に立つためにお金を払うということも納得ができません。

心は重く、体は痛く、のみ込みの悪い自分にうんざりした私は、この状況を打破するための方法を模索していました。真面目に稽古すればいいのですが、それは無理な相談です。そこで思いついたのが、衣装を揃えるということです。まずは形から入るのです。

仲の良いカントリー・バンドのメンバーは、ウェスタンシャツとカウボーイハットで身を固めたとたんに演奏が上達したと言っていました。

私もどん百姓スタイルでびしっと決めるのです。

料金は、かすりの野良着（腰ひも付き）＝1万2000円。作業用の黒のももひき＝2700円。そこに「安来節屋特製どじょうすくい名人6点セット」＝1万とんで800円が加わります。名人セットですよ。メキメキ上達しそうではありませんか！

その中身はザル、腰カゴ（びく）、豆絞りの手ぬぐい、一文銭の鼻当て、伴奏のCDと練習用のDVDでした。

CDのタイトルは「安来節どじょうすくい（踊り歌）」で、「基本」と「応用」の2曲が入っています。稽古のときに必ず流れる「♪おやじィ〜、どこへ行く、腰に籠下げてェ〜」という曲です。DVDのタイトルも「安来節どじょうすくい」と同じです。こちらは2018年の今になっても、まだ封を切っていないので、内容はわかりません。はい、それが私のいけないところです。

小物関係では他に、ゴムのどじょう＝2625円などもありましたが、こちらは遠慮しました。衣装、6点セットに送料＝700円、手数料＝500円が加わり、合計で2万6700円也。これが高いのか、安いのか、全く見当がつきません。

私にはこれを着こなし、ステージで踊るという夢が生まれました。それも「どじょうすくい（踊り歌）」ではなく、「パダン・パダン」というシャンソンに乗せて。パダン・パダンとは足音。パダン・パダンの歌詞に合わせて、お尻を「ヒョコン・ヒョコン」と上下に揺らしながらキチンと踊れば、かなりユニークなパフォーマンスになるのではないでしょうか。しかも合唱と違って、1人でできるのです。それがウケねらいから始まった、どじょうすくいを続ける大きなモチベーションとなりました。

この日の参加者は一宇川先生、小梅ねえさん、チーママ、場違いさん、私と他3名。函館はるかさんは体調不良で欠席でしたが、その穴を埋めるかのように、若い男性が1人。背が高く、礼儀正しいイケメンです。聞くところによると、彼は役者で、広島から通っているそうです。私は彼のことを密かに「同業者君」と名付けました。函館や広島から人を呼び集めるどじょうすくいの底力に感服です。

私はこの同業者君の踊りに注目してみました。

さすがに役者をやっているだけあって、表現力が豊かで、どじょうが逃げた場面などには、他の人にはないリアリティーと躍動感が宿っています。踊りにも屈託がなく笑顔がさわやかです。ところが、不思議なことに、今一つサマにならないのです。その原因は、彼の足の長さが仇《あだ》になっているからなのです。

どじょうすくいとは、若さやカッコ良さが武器にならない、得体の知れない芸能なのです。

その点、小梅ねえさんの安定感と信頼感は群を抜いています。野良着と鼻当てがまるで皮膚の一部のようです。常に笑顔を絶やさず、自然と不自然の境界線上を楽しげに歩いているのです。小梅ねえさんほどではなくても、チーママもそつなくこなしています。新人の場違いさんも童顔をほころばせ、どじょうすくい教室にすっかり馴染んでいます。

〝若くて可愛らしいからどじょうすくいには不似合い〟というのは、単なる私の偏見で、本人も周囲も場違いとは認識していないようです。

個人へのレッスンは会場に来た順番で行われます。

私は相変わらず何一つ上達していません。他人の動きを観察して、多少わかってるつもりでも、いざ自分の番になると、思考が足踏みを始めます。ザルの持ち方、腰の高さ、足の運び……何もかもがでたらめになってしまいます。体中汗ばんでいますが、半分は冷や汗でしょう。そんな自分がつくづくいやになります。何よりも中腰が辛いのですが、これはもう、時間をかけて一歩一歩進むしかないのです。

レッスンを終え、敗北感に苛《さいな》まれ、ソファーに座り込む私の頭の中に、水前寺清子の「三百六十五歩のマーチ」が少し歌詞を変えて、忍び込んできます。

「♪幸せは歩いて来ない、だから歩いて行くんだね、一日一歩、三日で三歩、三歩進んで五歩下がる……」

おい、進んでないじゃないか！

「汗かき、恥かき歩こうよ〜」

そんな演歌な気分の中、レッスンの前半で苦しみ、お茶とお菓子の時間にほっこりし、後半に音を上げ、無様な姿をさらしました。それでも次回は衣装が届いています。奇跡が起こるかもしれません。奇跡は無理でも、このどじょうすくいという厄介な世界に、多少なりとも近づけるかもしれません。

どじょうすくいと忘年会

２０１７年、最後のレッスンが始まりました。その後は忘年会が待っています。会場がカラオケスナックなので、忘年会は毎年、カラオケ大会になるそうです。

この日は一宇川先生、小梅ねえさん、場違いさんなどのいつものメンバーの他に、10人を超える老若男女が結集。会員はいつもの２０００円の他、忘年会費の３５００円が徴収されました。もしかしたら忘年会費はタダかな、などと思っていたのですが、考えが甘かったようです。

それどころか「本当なら暮れには先生にご祝儀とか渡すらしいですよ」と場違いさんが私に耳打ちします。そのあどけない顔は『家なき子』の安達祐実を彷彿とさせ、「どじょうすくうなら金をくれ！」と言っているように聞こえます。

また出費がかさむのかと、頭を抱えていると「今回は免除らしいですけど」と付け加えます。来年からは盆暮れのつけ届けが欠かせないようです。

どじょうすくいの教室にはまっさらな衣装とグッズが届いていました。

そのザルのとてつもない大きさに改めてびっくりしましたが、何はともあれ、教室の隅で衣装を身につけます。心が少しときめきます。セーターとシャツを脱ぎ、野良着に袖を通します。

手ぬぐいのほっかむりの方法に戸惑っていると、小梅ねえさんがすぐに駆けつけ、そのやり方を教えてくれます。小梅ねえさんは常に四方八方に気を配っているのです。

私の身支度が整う頃には、たくさんの人たちが次々に踊り始めています。

初めて見るスキンヘッドの若者や長い黒髪の美女もいます。「あらー、私、ボケちゃったみたい。もう何が何だかわからなくなっちゃって」とのどかに笑っているおばあちゃんもいます。

可愛らしい子どもたちがまっすぐな目でそれを見つめています。

老若男女が同じ格好で、同じようにどじょうをすくい、どじょうに逃げられ、ヒルに吸いつかれます。上手であろうとなかろうと、踊り終わったあとには拍手が湧き起こります。誰もが柔和な笑顔を浮かべ、なかなかステキな光景が広がっています。

スキンヘッドと黒髪は夫婦で、どじょうすくいを始めたキッカケは結婚式の余興で披露するためだったそうです。

それも友人の結婚式ではなく、自分たちの結婚式で！

一生に1度（2度、3度の人もまれにいますが）の晴れ舞台で、野良着に鼻当て姿で踊ったのです。愛すべきバカです。重症です。私のエッセイスト魂に火がつき、2人にインタビューを敢行しました。

島「自分たちの結婚式で踊ったんですって？」

スキンヘッド「そうなんです。そのために必死で練習しました。今日は久しぶりなんで思うようにいきませんでしたけど」

島「なんでまたどじょうすくいを？」

黒髪「私のおばあちゃんはとても物静かな人だったんですけど、どじょうすくいが得意なんです。いつも大人しいのに、どじょうすくいのときだけは、ぱあーっとハジケるんですよ。その姿を見て、いつか自分もやってみたいなって」

島「それにしてもなぜ自分の結婚式で？」

黒髪「私たちは結婚が遅かったんで、たくさんの友達の結婚式に出席してるわけですよ。お約束通りの余興じゃインパクトに欠けるかなと」

スキンヘッド「参列者も慣れているというか、飽きているというか。それで、思い切ってね」

島「偉いっ、あなたたちは偉いっ！」

黒髪「もう結婚式の当日はどじょうすくいのことで頭がいっぱいで、指輪の交換だとか、ケーキカットだとかはもうどうでもよくなっちゃって」

スキンヘッド「私たちはタキシードと白のウェディングドレスから大急ぎで着替えて、司会者の『新郎新婦、お色直し入場です！』というアナウンスと同時に、この格好で入場して、ひとしきり踊って、そのまま退場。お客さんは大喜びでしたね」

黒髪「あとから新郎側の親族の皆さんから褒められました。親しみが湧いたって」

確かにその通りだと思います。そんな披露宴なら私も出席したかったですね。私はまた一つ、どじょうすくいの深淵を覗いてしまいました。そうこうしているうちに、私のレッスンタイムがやって来ました。ハッキリとわかったことは、衣装をつけても下手は下手。この日の忘年会では、汚名を返上するために、どじょうすくいの私とは一味違った歌声を披露しよう、と心に決めました。

普段着に戻った生徒たちがてきぱきとテーブルのセッティングを始めます。あっという間にどじょうすくい教室はカラオケスナックに変身。テーブルの上に並んだお酒のつまみはみかん、タクアン、カリカリ梅と妙にヘルシーです。その後はサラダ、シュウマイ、サンドイッチ、煮物、トンカツにお稲荷さんと、およそ統一性のない料理が運ばれてきます。大半が手作りのようです。

一宇川先生が率先して料理を運んでくれます。これが茶道や華道の先生ならこうはいかないでしょう。1階の湯島らーめんもまた先生のお店で、そこから作りたての温かい料理が運ばれ、さらに関係者の自慢の手作りがアトランダムに加わっているのです。

突如、本格的な「獅子舞」が乱入し、場をあたためます。どじょうすくいワールドでは、獅子舞もまた身近な存在なのかもしれません。〝獅子とどじょうで宍戸錠《ししどじょう》〟というダジャレが浮かびましたが、披露するチャンスは巡ってきませんでした。

カラオケタイムが始まると、次から次へと参加者が歌い出すのですが、これがうまいのなんの！

一宇川先生は「男はつらいよ」を危なげなく歌い、途中からは歌はそっちのけで、テキ屋の口上を見事に披露。観客を唸らせます。チーママだけは断固としてマイクを握りませんでしたが、それ以外は全員参加で、すぐに私の順番がやって来ました。ここでは何としても「どじょうすくいの下手くそなヨレヨレの爺」という誰もが抱いているであろうイメージを払拭するため、ワンランク上の歌声で年末の大逆転を狙っていたのです。生バンドならともかく、カラオケ体験は乏しいのですが、私は十八番の「幸せの黄色いリボン」をチョイスし、英語で歌い始めました。

おそらく軽快なリズムに乗り、正しい発声でほぼ完璧に歌っているはずですが、観客は特に感心する様子もなく、雑談を続けています。歌の途中からひょっとこのお面をかぶった男が登場して、このカントリー調のリズムに合わせて、何ともヒョーキンでキレのいいダンスを披露してくれます。先ほどの獅子舞の男です。思い切り私の歌を盛り上げてくれましたが、私の歌は完全に食われてしまいました。この一億総カラオケ時代では、多少歌がうまいなどということは、珍しくも何ともないのです。比較的歌い慣れた人の中の1人、という程度の認識なのです。その後も「この素晴らしき世界」などを心を込めて歌いましたが、参加者の心を動かすことはできず、素《す》の自分の実力をいやというほど思い知らされました。

周りのメンバーに、自然体でいてもらいたいために、本の題材にするかもしれないということはずっと隠していました。今回の歌がキッカケとなり、私が一般人ではないと推測されてしまわないかと危惧していたのですが、全くそんな気配はありませんでした。聞くところによると、その後はなぜか「ロサンジェルス赴任経験のある元商社マン」と認識されていたようです。「海外に長くいた人はこういう日本独自の文化に興味を持つものなんですねえ」などとささやかれていたのかもしれません。そう考えるとちょっと嬉しい。

歌声は期待したほど評価されませんでしたが、「結婚式でどじょうすくい」というおいしいネタを拾い、本年度の忘年会は終了。

果たして２０１８年、平成最後の忘年会では「パダン・パダン」に合わせて、どじょうすくいを踊ることができるのか……大きな課題が残りました。

自分を試す試練の年になりそうです。

冗談半分で始めた爺の手習いによって、私の人生が少し変化してきたようです。

世の爺の皆さん！　今の人生に心から満足しているならともかく、そうでないのであれば、手習いの世界に飛び込んでいくのも面白いかもしれませんよ。少なくとも私はかなり楽しませてもらっています。

ウクレレ講座

牧伸二の「ヤンなっちゃった節」をやりたくてウクレレを習う

4科目の習い事をしている間に、本書を刊行することが正式に決まりました。そこでもう1科目お座興に、「そんなもの、カネを出して誰が習うんだ」と思われるようなバカバカしい習い事をやってみることになったのです。

島君と、「落語の『あくび指南』みたいな酔狂な習い事をやろう」と話し合いました。『あくび指南』という噺《はなし》は、町内に「あくび指南所」ができて、物好きな男が習いに行くのです。「あくびなんてものは、金を払って習うもんかい」と馬鹿にする友達を誘って行ってみると、あくび一つがなかなか難しい。その様子を見ていた友達が、「見ているほうは退屈で、退屈でならねえ」とあくびをすると、先生が「お連れさんのほうが器用だ」と言うオチです。そんな『あくび指南』的な習い事として、島君はどじょうすくいを選んだわけです。ところが私はなかなか見つからず、しばらくペンディングになってました。「何かいいのがないかしら」と、東武カルチュアスクールの「１ＤＡＹカルチュア」というパンフレットで探しました。１回限りの体験コースで、どれも料金が３０００円前後とお手軽です。

２月に「中高年シニアの初めてでも弾けるウクレレ講座」があるのを見つけたとき、「これしかない」と直感しました。純粋にウクレレを弾きたい人には普通の習い事でしょうが、私の場合、動機が異なっています。演芸ファンにとってウクレレといえば牧伸二。彼のウクレレ漫談を皆さん覚えていらっしゃいますか。「あーあ、やんなっちゃった。あーああ、驚いた」の「ヤンなっちゃった節」で一世を風靡した人気芸人です。私は子どもの頃から彼のファンで、一度ウクレレで弾きながら歌ってみたかったのです。

ところで牧伸二をはじめ、芸人がウクレレを使うようになったのはいつ頃からでしょうか。私がウクレレを持つ芸人を見たのは昭和40年代前半です。渋谷の東急文化会館（現渋谷ヒカリエ）で収録していた『大正テレビ寄席』での牧伸二が最初でしたが、次に見たのは「池袋演芸場」で見た漫才の春日三球・照代だったと記憶しています。夫婦漫才コンビで、三球がウクレレを、照代がギターを持って登場し、「線路は続くよ、どこまでも。野を越え山越え、谷越えて」というテーマソングを弾き語りしてから漫才に入りました。旦那がウクレレで奥さんがギターというのが変わっています。普通は反対でしょう。楽器を弾くのは最初と最後に「それでは皆さん、さようなら」と歌うときだけで、あとは持ったまましゃべるだけでした。「地下鉄の車両はどっから入れたんでしょう」というネタで有名になったコンビなので覚えている方もいると思います。

その次に「新宿末廣亭」で見たのが、トリオ漫才の東京ボーイズ。リーダーの旭五郎がアコーディオン、菅六郎が三味線、仲八郎がウクレレというトリオです。私が敬愛した立川談志師匠が大好きだったトリオで、自らネタを提供するほど贔屓《ひいき》にしていました。リーダーの旭亡き後、残りの２人は漫才の東京ボーイズとして寄席に出演しています。相変わらず三味線とウクレレを持ち、「なぞかけ問答」などオリジナルのコミックソングを歌っています。私は仲を「仲ちゃん」と呼ぶくらい親しいので、ウクレレを習ったことを彼が知ったら、さぞかし嬉しがることでしょう。

芸人ではありませんが、ウクレレの大家として知られるのが、元ザ・ドリフターズの高木ブーです。2〜3年前に東京ボーイズの会にゲスト出演したときに演奏を聴きましたが、それは見事なテクニックでした。

映画俳優でウクレレと言えば、石原裕次郎です。デビュー2作目の主演作『狂った果実』の中で、同名の主題歌を弾き語りで歌っていました。裕次郎が映画の中で初めて歌ったシーンです。

加山雄三も『若大将シリーズ』の中で、「お嫁においで」というヒット曲を弾き語りで歌っています。考えてみたら、ウクレレはたいてい弾き語りで、伴奏を付けてもらって歌う人はいませんね。ところで裕次郎と加山の共通点はなんだと思いますか？

正解は2人とも慶應大学出身で湘南育ちであること。そして、共にヨットが趣味でアロハシャツが似合うことです。ヨットを操る湘南ボーイはアロハとウクレレが似合うのかも。そういえば、同じ湘南ボーイの桑田佳祐もウクレレが似合いそうですね。

その点、私は湘南と縁がなく、ヨットに乗ったこともなく、アロハシャツを着たこともないし、ハワイ旅行をしたこともない。ウクレレを弾いても似合わないはずです。それでも、「ヤンなっちゃった節」を弾き語りしたい一心で、ウクレレを習いに行きました。

大満足のウクレレ講座1日体験

案内にはこうあります。

「楽譜が読めない方、楽器の初心者の皆さん、中高年シニアさん大歓迎！」

課題曲は「ちょうちょう」、「メリーさんの羊」などの童謡と、ハワイアンソングで、「カイマナヒラ」と並んで「タフワフワイ」があるではありませんか。そう、「タフワフワイ」こそ「ヤンなっちゃった節」の原曲なのです。これは申し込むしかないでしょう。

すぐにカルチュアスクールに行きました。受講料は2500円。申し込む際、「ウクレレはお持ちですか」と訊かれたので、「持ってません」と答えたら、「500円で借りられます」と言います。紅茶教室を3ヵ月延長する手続きもしたので、それと合わせて1万6500円になりました。

当日、教室に入ると、受講生が集まってます。全部で8人。男性は私だけで他は女性ばかり。紅茶教室と同じ状態です。島君がどじょうすくいの項で、「手習いの世界は常に女性に占拠されているようです」と書いてましたが、どじょうすくいやウクレレまでそうだとは意外でした。私と同じ爺が習いにくると思っていたのですが。ただ、ウクレレ講座はおしゃべりする時間がないので、女性に囲まれても別に嬉しくありません。

講師は東池袋にある笠原音楽院の院長、笠原栄二先生と、奥さんで副院長のプアメリアくにこ笠原先生です。副院長の名前はハワイアンの芸名でしょう。聞けば、ハワイアンソングとフラダンスも教えているとのことです。院長はクラシックギターの演奏家としても活動なさっている温厚な紳士でした。くにこ先生はハワイみたいな陽気な中年女性で、とっても感じの良いご夫婦です。

8人の受講生のうち、私を入れて3人が初心者でした。他の5人は何回か通った方だとか。月に一度の開講なので、それが可能なのです。常連の中にはフラダンスをくにこ先生に習っている方もいたようです。まず、先生からウクレレの構造について説明がありました。ギターの小型版と思っている方がいるでしょうけど、同じ弦楽器であってもやはり違います。

価格は2万円から3万円で、ギターより安い。でも、1万円以下のものはすぐに調律が狂ったりするのでお勧めできないと言われました。初心者の中に1人だけ、すでに購入したウクレレ持参のやる気満々の女性がいましたが、私はまだ買うほど気が入ってません。

笠原先生が調律してくれたウクレレが渡され、課題曲の楽譜が配られて、いよいよ実習開始です。ウクレレの構え方から教わり、右手の人差し指で掃くように弾いてみます。たどたどしいながらも音は出ました。最初の課題曲は「メリーさんの羊」。これは上から4番目の第4弦を左手の薬指で押さえるだけの、一番簡単な「C」のコードがメインなので初心者向けなのです。途中に2度「G7」のコードに変わるのだけが大変です。なにせG7は、第2弦を中指で、第3弦を人差し指で、第4弦を薬指で押さえなくてはいけない厄介なコードだからです。先生が「無理して薬指で押さえなくてもいいですよ」と言ったので、中指と人差し指だけで押さえると少し楽になりました。結構アバウトなんですね。CとG7だけで弾けるのは「メリーさんの羊」だけでなく、次の「ちょうちょう」もそうでした。G7さえマスターしてしまえばすぐに弾けるのです。

3曲目の「ラブ・ミー・テンダー」も2つのコードだけなので、弾きながら皆で歌いました。プレスリーのヒット曲ですから、私も知っていて歌えました。

1時間15分の間に課題曲すべてを終わらせなければならないので、急いでハワイアンソングの「カイマナヒラ」に移ります。この曲はCとG7だけでなく、一ヵ所だけ初めてFというコードを使います。第1弦を中指、第3弦を人差し指で押さえる。初心者にはG7と同じくらい難しい。コードを押さえる左手に神経がいくと、弦を鳴らす右手がおろそかになりいい音が出ません。笠原先生から「竹ぼうきで掃くように」とアドバイスを受けたので、そのようにやったらいい音が出ました。

最後の課題曲がお目当ての「タフワフワイ」です。楽譜の下に書かれた歌詞を読んで思わず笑みが浮かびました。ハワイの言語の歌詞の下に、牧伸二の「ヤンなっちゃった節」の歌詞が載っているではありませんか。

真珠の指輪はとってもきれい

もっときれいな牧真珠（伸二）
だけどあいつの頭の中は
真珠どころかパールだよ
あーあ、やんなっちゃった
あーあああ、驚いた

どうですか、このばかばかしさ。「フランク永井は低音の魅力、神戸一郎も低音の魅力、水原弘も低音の魅力、漫談の牧伸二低能の魅力」という歌詞と共に、彼のテーマソングというべき有名なフレーズです。ちなみに、2番目の歌詞にある3人の歌手は全員が故人。牧伸二も亡くなってしまいました。

この曲も9割がCとG7で、3ヵ所だけFが入る。G7とFさえちゃんと押さえられればなんとかなります。私はこれを覚えるために参加したので、それまでの曲とは力の入れ方が違う。何度かくり返し、最後に歌いながら弾く際は、ハワイの言語でなく「ヤンなっちゃった節」の歌詞で歌いました。もちろん周囲に聴こえないよう小さな声でですが。それでも大満足でした。

ウクレレ講座の1日体験コースは修了しました。これからどうするか決めかねていま す。来月もう1回参加してみるか、それともウクレレを購入し本格的に習い、「タフワフワイ」を完璧にマスターするか。一瞬、今年の忘年会にウクレレ持参で行って、自分が仲間たちに「ヤンなっちゃった節」を披露する姿が頭をよぎりました。ウケるかもしれないけど、ウクレレを買ってまでやることじゃないな、と思い直しました。

楽器を一度も弾いたことがないという諸兄。ウクレレはギターより手軽で簡単で覚えやすいです。牧伸二が好きでない方も、加山雄三のヒット曲「お嫁においで」を弾けるようになるなら習ってみようという気になりませんか。一度ウクレレ講座に参加してみてください。

ちなみに、「1DAYカルチュア」の講座は毎月20から30科目あります。4月に開催される講座で目についたのを記しておきましょう。

笠原先生の「はじめての方のためのクラシックギター講座」。ギター演奏の名曲、「禁じられた遊び」が弾けるようになるとか。その他、「魚をおろせて素敵!」、「楽しい折り紙」、「どうぶつ木彫り教室」、「手相で学ぶお金とのかかわり方」等々、ジャンルが多岐にわたっています。

お好みの講座を一度体験してみてはいかがでしょう。

あとがき

吉川 潮

「今、習い事をやってるんだ」と友人、知人に言うと、「何を習ってるの?」と訊かれます。詳細を話すと、誰もが「想像できない」と驚きます。私が女性の先生に歌を習ったり、見知らぬ老人たちと一緒に句会をしたり、マダムたちに囲まれてアフタヌーンティーを楽しんでいる姿、エプロンを着けて蕎麦を打ってる姿、ウクレレを弾きながら「ヤンなっちゃった節」を歌っている姿が想像できないのでしょう。それはたぶん、私のイメージにそぐわないからだと思います。どうやら「気難しい」、「人の好き嫌いが激しい」、「不愛想」、「毒舌家」と思われているようです。確かにそういう一面があるのは否定しませんが、それはあくまで一面であって、違う一面もあるわけです。

今回習い事に挑戦して、自分の違う一面を発見しました。とっても気さくで人の好い爺《じじい》になっているのです。これも習い事の成果と言えましょう。それに、習い事をすると、「新しい世界が広がる」、「新しい友達と知り合える」、「新しい自分が発見できる」のがわかりました。古い人間にとって新しいことが重なるのは稀有なことです。さらに褒められていい気分になる。以上のことが習い事の良さではないでしょうか。

齢を取ると、新しいことに挑むのを躊躇《ちゅうちょ》したり、臆病になるのが当たり前です。ここは一つ勇気を出して外の世界に出かけませんか。習い事をして新しい世界に足を踏み入れてみませんか。私は習い事をして得るものが多かった。費用はかかりましたが、それだけの値打ちはあったと満足してます。

俳句教室は3月いっぱいでやめましたが、若い世代の受講生が集まる別の俳句教室に通うのもいいなと考えています。若者とふれ合うのも一興かと。紅茶教室はあと半年は続け、ハーブティーとアイスティーの淹《い》れ方をマスターするつもりです。

読者諸兄も自分の好みに合った習い事を見つけ、新しい楽しみを見いだすことを祈って、結びとさせていただきます。

あとがき

島 敏光

人から何かを教わることは大の苦手でした。ところがいざ始めてみると、今まで見たことのなかった風景に出会い、めったに使うことのなかった脳や筋肉が刺激され、日常生活にある種の活力が生まれました。

私はこの本で紹介した料理、はがき絵、絵手紙、合唱、ウォーキング、どじょうすくいのうち、自分なりの志を抱いて参加した料理と合唱は途中退場。はがき絵は完走。絵手紙は休止。2～3回でおいとましようと思っていたウォーキングとどじょうすくいは続行中という意外な結果となっています。

実生活に直接的な影響はわずかですが、野菜を切ったり、炊き込みご飯を作るときは、ここでまり先生（仮名）の指導が思い浮かびます。おかげさまで涙を流さずにタマネギを刻めるようになりました。不思議なもので、文句タラタラだった教室が、日々の暮らしに最も影響を与えているのです。

私はネタとして面白いと感じた前述の手習いの他、ダーツ、味噌作り、紙すき、お片付けの教室にも顔を出しました。

どの教室にもそれなりのチャームポイントがありますが、圧倒的に楽しかったのはダーツ教室です。ボーリングに夢中になった若き日の高揚感が甦《よみがえ》りました。楽しさだけで言えば、2番がはがき絵、3番が味噌作りですね。


全体を通しての感想は、ほとんど吉川さんの「あとがき」と同じです。2人の性格は正反対、手習いの内容も全く違うにもかかわらずです。新しい世界が広がり、新しい人と知り合い、何よりも新しい自分とめぐり合えるということですね。

こんな機会を与えてくれた吉川潮さん、編集の原田英子さん、教室の先生方、生徒の皆さんに、心から感謝の意を捧げます。

手習い体験リスト

私（島）の通った「手習い教室」には、それぞれ独特の個性がありました。その個性こそが、この競争の激しい世界で生き残っていくための大切な要素なのでしょう。

高級感の漂うカルチャースクールから庶民的で親しみのある教室まで。緊張感に支配された空間あり、憩いのスペースあり。そして、お値段も千差万別。

それらを私なりに数値に表してみましたが、これはあくまで「個人の感想」で、決して一般的なものではありません。「手習い初心者」が、ある特定の教室だけを取り上げて作った独断と偏見に満ちたリストです。

私の場合、教わりのコツがわからずイジイジ、ギクシャクしていましたが、私以外の生徒さんたちは、どの教室でも嬉々と楽しげに過ごしていたことを付け加えておきます。

なお、リストにある「紙すき」とは、牛乳パックをリサイクルしてはがきを作る教室のことです。

	料理	味噌作り	はがき絵	絵手紙	合唱	紙すき	お片付け	ウォーキング	ダーツ	どじょうすくい
おもてなし度	30%	90%	50%	60%	90%	80%	50%	70%	50%	70%
セレブ度	90%	70%	40%	60%	40%	20%	40%	50%	40%	20%
親しみ度	20%	50%	60%	50%	90%	60%	30%	50%	70%	80%
講師の高飛車度	90%	10%	20%	40%	30%	10%	10%	10%	10%	10%
世間話度	80%	30%	10%	10%	80%	20%	20%	10%	30%	60%
緊張感	90%	70%	50%	60%	80%	20%	30%	60%	70%	70%
疲労感	80%	30%	30%	40%	80%	20%	20%	80%	10%	90%
楽しさ	20%	80%	80%	70%	50%	60%	30%	40%	90%	40%
充実感	50%	70%	90%	60%	60%	50%	40%	80%	80%	50%
生徒の愛嬌	60%	60%	50%	50%	60%	70%	30%	40%	60%	60%
日々の生活に役立つ感	80%	10%	40%	20%	10%	10%	30%	50%	10%	10%
これからの人生に役立つ感	80%	10%	60%	20%	20%	10%	30%	60%	30%	80%
2017年にかかった経費	49000円	500円	3000円	9000円	14000円	0円	0円	0円	600円	51000円
1時間あたりの単価	3800円	200円	300円	4500円	1400円	0円	0円	0円	50円	3400円

爺《じじい》の手習い

定年が待ち遠しくなる習い事体験10

2018年4月25日　初版発行

著者　吉川　潮
島　敏光

吉川　潮（よしかわ・うしお）
1948年生まれ。大学卒業後、放送作家、ルポライターを経て演芸評論家に。'80年、小説家としてデビュー。芸人や役者の一代記のみではなく数々の辛口エッセイで世間を騒がせる。著書に『江戸前の男～春風亭柳朝一代記』（新田次郎文学賞受賞）、『流行歌　西條八十物語』（大衆文学研究賞受賞）、顧問を務めた落語家・立川流の家元、立川談志を描いた『談志歳時記』（3作共に新潮社）など多数。

島　敏光（しま・としみつ）
1949年生まれ。伯父である黒澤明監督の日常を描いた『黒澤明のいる風景』が好評を博し、『ビートでジャンプ』（共に新潮社）、『映画で甦るオールディーズ&プログラム・コレクション』（音楽出版社）、『六本木ケントス物語』（扶桑社）等、音楽・映画関連作品を次々と手掛ける。日本経済新聞に映画と音楽のコラムを連載中。日本映画批評家大賞選考委員。

発行者　佐藤俊彦
発行所　株式会社ワニ・プラス
〒150－8482
東京都渋谷区恵比寿4－4－9　えびす大黒ビル7F
電話　03－5449－2171（編集）
発売元　株式会社ワニブックス
〒150－8482
東京都渋谷区恵比寿4－4－9　えびす大黒ビル
電話　03－5449－2711（代表）

装丁　橘田浩志（アティック）
柏原宗積
イラスト　オギリマサホ
DTP　小田光美（オフィスメイプル）
編集協力　原田英子
印刷・製本所　大日本印刷株式会社

JASRAC 出 1803058-801

ISBN 978-4-8470-6128-8
ワニブックスＨＰ　https://www.wani.co.jp

■ワニブックス【PLUS】新書「定年シリーズ」好評既刊■

爺《じじい》の暇つぶし

もてあます暇をもてあそぶ極意、教えます

作家・評論家 **吉川 潮** × **島 敏光** 司会者・エッセイスト

男の暇つぶしに「定年」はない！

リタイアした人や、もうすぐの人に贈る
安く、楽しく、イキイキと余暇を過ごす極意。

ダンディに、ほがらかに。暇は人生の宝物！

ロングセラー3刷！

定価 830円＋税
ISBN978-4-8470-6095-3